W9-AHG-044

MAA JOHON MAHTUU

Juhani Lompolo

MAA JOHON MAHTUU

Australia suomalaisten silmin

Gummerus · Jyväskylä

ISBN 951-20-1021-6

K. J. Gummerus Osakeyhtiön kirjapainossa
Jyväskylässä 1975

– *Lapset ovat kasvaneet täällä ja laskevat Australian kotimaakseen. Meistä ei koskaan tule australialaisia, vaikka me ottaisimme kansalaisuuden, me olisimme joka tapauksessa pohjimmiltaan suomalaisia. Jos saisi valita, että saisin samat edellytykset Suomessa kuin minulla on täällä, niin mistä syystä minä olisin maapallon toisella puolella? Minä olisin kotona. Se on selvä asia.*

Ulf Helenius, kalastaja
Jeppoon

Sisällys

Esipuhe

Tämä kirja on tulosta kahden ja puolen kuukauden oleskelusta Australiassa kevätkesällä 1973. Tuohon aikaan mahtui 11 000 kilometriä Australiaa: Intian valtameren rannalla olevasta Länsi-Australian pääkaupungista, Perthistä Nullarborin autiomaan halki Etelä-Australian pääkaupunkiin Adelaideen; sieltä edelleen pohjoiseen, Australian suuren takamaaston (the Great Outback) poikki ja jälleen itään läpi suomalaissiirtolaisten värittämän Mount Isan kaivoskaupungin ja kohti itärannikkoa. Queenslandin rannikon sokeriruokoalueilta suuntasi automme etelään, Brisbaneen ja sieltä edelleen Sidneyhin ja Australian pääkaupunkiin Canberraan. Renkaitten kulutuspinta oheni tuon matkan aikana lähes sentillä.

Tähän aikaan ja matkaan mahtui monta kaupunkia ja paljon ihmisiä, mm. kymmeniä suomalaisia. Ja juuri näitten suomalaisten kertomuksiin kirja perustuu, tuntikausia kestäneisiin keskusteluihin, joista kertyi kymmeniä ääninauhoja.

Suomalaiset kertovat itsestään, päätöksistään ryhtyä siirtolaisiksi, elämästään ja kokemuksistaan uudessa maassa. Vaikeuksista joita suomalaissiirtolainen kohtaa Australiaan – ja mikseipä muuallekin – muuttaessaan. Heitä on mukana kaikista mahdollisista ammateista, jalokivien etsijästä sokeriruo'on viljelijään, pultsarista autoliikkeen apulaisjohtajaan ja ravintoloitsijaan.

Kirjasta uskon olevan hyötyä varsinkin kolmelle ihmisryhmälle:

– Ensinnäkin niille, jotka ovat kiinnostuneita Australiasta; heille kertovat maanosasta siellä asuvat,

– toiseksi niille, jotka ovat kiinnostuneita suomalaisten siirtolaisten elämästä ja menestyksestä uudessa kotimaassa

– ja kolmanneksi niille, jotka suunnittelevat muuttoa Australiaan; kirjasta saa tietoa siirtolaisten vaikeuksista ja mahdollisuuksista – ihmisiltä, jotka ovat vaikeudet läpikäyneet, ja jotka ovat mahdollisuutensa löytäneet.

9

Kirjan viimeisenä lukuna on historiasta kiinnostuneille fil.tri Olavi Koivukankaan mainio katsaus siihen, miten suomalaisten siirtolaisuus Australiaan alkoi ja miten se on meidän päiviimme jatkunut.

Suomalaisten kielen olen pyrkinyt säilyttämään sellaisena kuin se puhuttiin, murteineen kaikkineen. Kirjan kuvat puolestaan kertovat Australiasta sellaisena kuin se näkyy.

Mutta ennemmin kuin kirjoittajan, on tämä kirja niitten suomalaisten siirtolaisten, jotka olivat valmiit kertomaan elämästään, kokemuksistaan ja vaikeuksistaan. Kertomukset ”suomalaisten kurjuudesta Australiassa” ovat synnyttäneet epäluuloja Suomesta tulleita toimittajia vastaan. Siitä huolimatta toivon, että tämä kirja vastaa sitä rehellisyyttä, jota suomalaissiirtolaiset kirjoittajaa kohtaan Australiassa osoittivat.

Juhani Lompolo

1. Halki Australian

Kaikkialla missä on riittävän lämmintä, erottaa syntyperäisen australialaisen muista. Mies: pitkä, punakka, lyhythihaisessa paidassa ja polvihousuissa. Valkoiset polvisukat ja tukevat nauhakengät. Mikäli mies on kerännyt ikää, on mitä todennäköisintä, että vatsa on saanut oluesta pyöreän muodon. Australialaista naista on vaikeampi erottaa. Hänessä on brittiläistä mitäänsanomattomuutta, kotirouvuutta, joka toisinaan purkautuu lasten kovaääniseen kurissapitoon. Nuoremmat tytöt ovat auringonpaahtamia, pitkiä ja isorintaisia – sellaisia, joita kasvaa kunnollisesta ravinnosta, pihveistä aamiaiseksi. Myöhemmällä iällä australialaisilla naisilla on taipumusta kukkahattuisuuteen, ilmiö, joka Euroopassa useimmiten yhdistetään amerikkalaisiin naisiin.

Laiva Singaporesta Australiaan on kreikkalainen, mutta se esittelee jo ennalta mitä on tulossa. Ollaan peräkannella auringossa uima-altaan ympärillä, baari myy purkkitolkulla olutta, on Victoria Bitteriä ja Foster's Lageria. Tädit istuvat kauhistelemassa Euroopassa käyneitä nuoria australialaisia, jotka ovat kasvattaneet pitkän tukan ja kirjoneet farmarinsa kukkasin. Puhutaan Singaporessa tehdyistä verottomista ostoksista, kuinka halvalla sai kameran ja kuinka monta matkaradiota nyt itse asiassa sai viedäkään ja lasketaanko matkaradio-nauhuri-yhdistelmä radioksi vai onko sille Australian tullisäännöksissä oma kategoriansa. Todennäköisesti on.

Salongissa seisovat miehet yksikätisten bandiittien – peliautomaattien – edessä ja syytävät rahaa sisään. Automaatteja on kymmenittäin, mutta useimmille löytyy käyttäjä.

Australia on kaukana kaikkialta. Laivamatka Singaporestakin kestää useita päiviä, vaikka Singapore sentään on samalla pallonpuoliskolla ja noin yleisesti ottaen kohtuullisen lähellä. Australian etäisyyttä kuvaa se, että lento Sidneystä Tokioon, Japaniin, maksaa suurin piirtein yhtä paljon kuin lento Tokiosta Helsinkiin.

Mutta laiva on oikea tapa tulla Australiaan. Matkapäivien aikana saa jonkinlaisen tuntuman ihmisiin ja kieleen. Ensikuulemalta kielen ei uskoisi olevan edes kaukaista sukua englannille, mutta myöhemmin siitä erottaa yhä enemmän ja enemmän tuttuja sanoja. Ja kun Australian länsirannikko sitten nousee näkyviin, uskoo jo olevansa valmis kohtaamaan uuden mantereen tarjoamat vaarat: kengurut, emut, hurjapää-autokuskit, hotellien vakiolounaat, tuhannet olutlasit, lautasten kokoiset pihvit ja sen, että kaikki käyttävät sinusta termiä "mate", kaveri. Mutta muovisäiliöön pakatusta australialaisesta punaviinistä ei edes odota selviävänsä.

*

Laivalla tulivat Australiaan muutkin, mantereen ensimmäiset valkoiset asuttajat. Kaikkein ensimmäisiksi tiedetään kaksi merimiestä Batavia nimisestä purjealuksesta, joka ajoi karille Australian länsirannikolla kesäkuun 4. päivänä 1629. Aluksen kapteeni François Peylart lähti hakemaan apua Jaavalta, runsaan kuukauden purjehduksen päästä. Hänen ollessaan poissa ryhtyi roistomainen Jerome Cornelis kapinaan kerättyään ympärilleen kumppaneita aluksen muista roistomaisuuteen taipuvaisista jäsenistä.

Corneliksen miehet ryöstivät lastin, pukeutuivat silkkiin, kultaan ja samettiin, raiskasivat naisia ja murhasivat miehiä. Vastarintaa he kohtasivat vain kapteeni Peylartille uskollisilta Webbie Haysin johtamilta merimiehiltä, jotka pitivät puoliaan aina siihen saakka, että pelastusretkikunta Peylartin johtamana ihmeen kaupalla pääsi perille.

Corneliksen loppu oli hänen roistomaisuutensa mukainen: häneltä katkaistiin kädet ennen hirttämistä. Muilta meni vain toinen käsi ennen hirteen ripustamista.

Mutta kaksi miestä, joitten syyllisyydestä ei ollut täyttä varmuutta, jätettiin rannalle kun Peylart laivoineen purjehti pois. Miesten – Australian ensimmäisten valkoisten asukkaitten – kohtalosta ei ole sen parempaa tietoa.

Australian varsinaisena valtaajana pidetään kuitenkin miestä nimeltä James Cook. Vuonna 1770 hänen Endeavour-aluksensa laski ankkurin Australian itärannikolla, paikassa joka sai nimen Botany Bay. Siihen syntyi myöhemmin kaupunki nimeltä Sidney. James Cook jatkoi matkaansa kohti pohjoista jättäen jälkeensä paikannimiä, joita kirjailija Kylie Tennant kutsuu "yhtä innostaviksi kuin suullinen tuhkaa". Tältä matkaltaan Cook – jolla oli mukanaan myös suomalainen tiedemies Herman Spöring – onnistui palaamaan hengissä Englantiin. Spöring, josta kerrotaan enemmän kirjan viimeisessä luvussa, sen sijaan kuoli trooppiseen kulkutautiin.

James Cook teki myöhemmin kaksi matkaa Tyynellemerelle. Ja

kuten niin monelle tutkimusmatkailijalle tuohon aikaan, Cookille kävi onnettomasti: hänet nuijittiin kuoliaaksi Havaijilla.

Australia oli kuitenkin otettu Englannin haltuun. Ja Englannin hallitus löysi sille nopeasti käytönkin. Vankilat kotomaassa olivat täynnä ja kovakätiset tuomioistuimet langettivat tuomioita pienistäkin rikoksista. Tuomituille oli löydettävä rangaistuksen kärsimispaikka. Ja sellaiseksi oivallettiin Australia – riittävän etäinen paikka niille ryökäleille, jotka olivat rikkoneet Hänen Majesteettinsa lakeja vastaan. Aikaisemmin oli tuomittuja lähetetty Amerikkaan, mutta Australia oli vielä kauempana. Ja heidän lähettämisensä maasta tuli paljon halvemmaksi kuin vankilassa pitäminen, hallitusherrat laskivat. (Vaihtoehtona oli mietitty mm. mahdollisuutta myydä tuomittuja orjiksi Marokkoon.)

Niin kerättiin ensimmäinen laivasto tuomittuja, jotka saavuttivat Botany Bayn tammikuun 26. päivä vuonna 1788.

Millaisia sitten olivat ensimmäiset tulijat, mitä rikoksia he olivat tehneet? Näin kertoo Kylie Tennant kirjassaan "Australia her story":

"Asiakirjat ja tilastot kertovat että useimmat olivat syyllistyneet 'varkauteen'. Edes yksi neljästäkymmenestä ei ollut syyllinen väkivaltarikokseen. Yleensä varkauden kohteena oli vaate, eläin, lintu tai leipäpala. Voidaan sanoa, että tuomari, joka tuomitsi vanhan sotilaan kuolemaan luudan varastamisesta ja sitten lievensi tuomion elinikäiseksi maastakarkoittamiseksi, oli hyvin armollinen. Lapsia karkoitettiin nenäliinan tai tinatuopin varastamisesta. Mutta tuomarit tiesivät, että lakien tullessa liian ankariksi valamiehistöt olivat taipuvaisia jättämään tuomitsematta. Annettaessa heille mahdollisuus tuomita mies karkoitettavaksi annettiin samalla ulospääsytie valamiehistöille. Ainakin varkauteen syyllistyneet voitiin pyyhkiä syrjään ja siistiä näkyvistä."

"Huomattava ryhmä tuomittuja olivat Dorsetshiren työläiset. Heidän rikoksensa ei ollut, että he olisivat ajaneet poliittisia uudistuksia, vaan vielä hirveämpi – he ehdottivat, että heidän pitäisi saada riittävästi syödäkseen. Palkka, jota eteläisissä piirikunnissa pidettiin riittävänä työläiselle, oli noin kuusi penniä päivässä naimattomalle ja shillinki päivässä perheelliselle. Miehet ja naiset elivät juurista ja käenkaalista: kesällä 1830 neljä sadonkorjuutyöläistä löydettiin aidan alta nälkään kuolleina, eikä heidän tapauksensa ollut poikkeuksellinen. 'Kaikki mitä he sanovat tahtovansa', kirjoitti majataloissa käynyt vakoilija, 'on kaksi shillinkiä ja kuusi penniä päivässä ja sitten he ovat tyytyväisiä'. Sen sijasta että heille olisi annettu kaksi shillinkiä ja kuusi penniä, Ylähuone päätti, että 'Lain miekka on paljastettava iskemään Lakia vastaan kapinoivia'."

"Sitten olivat tietenkin irlantilaiset, joita Englannin hallitseva luokka aina on pitänyt 'ei-toivottuina'. Ensimmäisessä Laivastossa (joka kuljetti tuomittuja Australiaan) oli yli kolmannes tuomituista poliittisia vankeja. Nämä miehet olivat ilmaisseet vastenmielisyytensä julmaa hallitusta kohtaan, jota pidettiin riittävän hyvänä Irlannille. Historian inhimillisimpiä ja säälittävimpiä asiakirjoja on papin kirje, jossa hän rukoili 'onnea' saada seurata irlantilaisten vankien mukana ilman, että siitä olisi valtiolle menoja; se jätettiin halveksien huomiotta. Kenellekään ei kuulunut mitään onnea, mikäli siitä hallitus sai päättää."

Eivätkä tuomitut helpolla mitään onnea saaneetkaan, vaikka henki ehkä kuljetuksen jälkeen oli vielä tallella Australiaan saavuttaessa. Suuri osa vahdeiksi määrätyistä sotilaista oli roistoja, ja itse karkotusalue oli kaikkea muuta kuin houkutteleva: haisevaa rämeikköä, johon vähitellen alkoi kohota asutusta. Karatakaan ei tohtinut – asutuksen ulkopuolella aukeavasta maasta ei tiedetty mitään. Uskalikot, jotka lähtivät, joutuivat palaamaan veden puutteessa tai kuolivat nälkään, janoon tai alkuasukaitten keihäisiin.

Mutta: tuomitut säilyivät hengissä, alkoivat viljellä maata, käydä kauppaa ja vähitellen sukupolvien vaihtuessa saada myös asemansa tunnustetuksi. Lisääntynyt vauraus raivasi tien myös piireihin, jotka olivat pitäneet tuomittujen jälkeläisiä pikkurikollisten alhaisina poikina ja tyttärinä. Ja nyt ollaan vaiheessa, jossa australialainen antaa kalliilla rahalla kaivaa arkistoja saadakseen selville olisiko esi-isä sattunut olemaan kanavaras Southamptonista ja siten ansainnut kunnian päästä mukaan Ensimmäiseen Laivastoon.

*

Lähdettäessä Länsi-Australiasta kohti itää varotetaan kenguruista.

– Varokaa niitä, sanotaan, ne voivat olla kaksikin metriä korkeita ja kun ne hyppäävät auton tuulilasiin, saattavat seuraukset olla pahat. Kannattaa ajaa keskellä tietä: kengurut kyttäävät pimeässä tien vierellä ja kun ne näkevät auton valot, ne hyppäävät eteen. Jos silloin ajaa sivussa, on kenguru juuri hyppynsä korkeimmassa pisteessä ja iskeytyy tuulilasiin. Sen sijaan tien keskikohdassa se on maassa ja ponnahtamassa toiseen loikkaan, jolloin se osuu puskuriin.

Ensimmäiset päivät ajetaan päätä käännellen. Pensas toisensa jälkeen, kilometri toisensa perästä. Ei ainuttakaan kengurua, edes pientä. Kaksi kuollutta näkyy tien sivussa, mikä todistaa niitten olemassaolon ja autoille alttiuden, mutta ei sen enempää. Lopulta pään kääntelyyn pensaitten suuntaan väsyy. Pentele, tulkoot näyttäytymään, jos ovat kiinnostuneita autoista tai ulkomaalaisista, ajattelee.

Sitten neljäntenä päivänä näkyy jotain valokeilassa.

Lopulta kaksi kengurua! Vaimo on katkera: silmälasit ovat kassissa, eikä kenguruitten näkeminen onnistu. Myöhemmin vilahtaa tien vieressä jotakin, jonka saattaa hyvällä tahdolla tulkita kyttääväksi kenguruksi. Mutta ehkä se ei olekaan kenguru, vaan kengurunmuotoinen pensas. Ainakaan se ei liikahda mihinkään suuntaan.

Myöhemmin kenguruita näkyy enemmän ja vaimokin ehtii saamaan silmälasinsa esille. Kenguruja on useita lajeja – peräti yli kolmekymmentä. Niitä elää pensaissa, kallioilla, kivenkoloissa ja puissakin.

Ne ovat juuri sitä puolta Australiasta joka tekee mantereesta niin merkillisen. Australian luonnossa on eläimiä, joita ei tapaa missään muualla.

Emu, strutsin näköinen juoksijalintu, joka ei osaa lentää, saattaa Australian takamaastossa pyyhältää auton eteen. Emu odottaa siihen saakka, kunnes auto on pysähtynyt ja kuljettaja hengästyneenä kaivaa esiin kameraa ja kiertää toisella auki ikkunaa. Kun sitten on valmiina kuvaukseen, emu pyyhältää tiehensä jättäen pienen harmaan pisteen negatiiviin.

Galah-papukaijat lentävät parvina, jotka yhtäkkiä saattavat vaihtaa väriä harmaasta vaaleanpunaiseen. Lintujen mahapuoli on marjapuuronvärinen ja kun parvi tekee täsmällisen käännöksen, on tunne kuin katsoisi japanilaista postikorttia, jota voi katsoa kahdelta suunnalta ja nähdä eri kuvan.

Koaloista, pienistä karhua muistuttavista eläimistä kerrotaan juttua, että ne olisivat huumeitten orjia: ne syövät vain tiettyjä eukalyptuspuun lehtiä ja ilkeäkieliset sanovat juuri näissä lehdissä olevan huumaavaa ainetta. Koalat asuvat puissa, torkkuvat oksanhaarakkeissa ja yhtäkkiä saattavat horjahtaa, niin että vain viime hetken koukku-ote oksasta estää puusta putoamisen. Umpitunnelissa, sanovat koalanparjaajat. Asiaa tutkineet tiedemiehet sanovat toista.

Kookaburrasta, pitkänokkaisesta suuren variksen kokoisesta linnusta kerrotaan toista juttua. Havaitessaan taivaalla haukan se heittäytyy kuolleeksi maahan. Kun haukka sitten iskee, iskee kuollutta teeskennellyt kookaburra takaisin. Ja päästää päälle räkätyksen. Kukapa tuotakin uskoo.

*

Nullarborin autiomaata ajaessa havaitsee mantereen suuruuden. Tietai väylä, jossa tien pitäisi kulkea on suora viiva eteenpäin, kasvullisuus on pientä pensasta ja ruohoa. Ja olutpurkkeja jotka heijastuvat kiiltävinä silminä autonvaloissa. Sata kilometriä ja tulee bensa-asema, jonka pihalla voi yöpyä, vaihtaa rengasta ja täyttää tankkia.

Jokaisella asemalla on baarinsa, josta voit ostaa oluet – siitä on varoitettu jo muutama kilometri aikaisemmin: 2 mailia Swan-oluelle.

Ovia ei sovi pitää auki; auton pysähtyessä ilmestyy jostakin miljoonaparvi kärpäsiä, jotka täyttävät selän pinnan kokonaan niin että se näyttää mustalta. Kärpästen hätistelyliikettä kutsutaan Aussie-tervehdykseksi.

Illalla kun sitten katsoo auringonlaskua, on huomaavinaan että horisontti kaareutuu. Ellei maapallon pyöreyttä muuten usko, voi sitä tulla katsomaan tänne. Täällä on lääniä sivuille ja taakse. Ajattelee hullutuksia, joita Australian asuttajat ovat läpikäyneet. Toistasataa vuotta sitten oli päämääränä kulkea mantereen halki, päästä mereltä merelle. Silloin ei ollut edes näitä teitten väyliä, eikä bensa-asemia joka sadan kilometrin päässä, joista olisi voinut Swan-oluensa ostaa. Ei tiedetty edes mistä olisi seuraavan vesilammikon löytänyt. Ensimmäinen idästä länteen kulkija oli Edward John Eyre, joka lähti yrittämään vuonna 1840. Näin kerrotaan hänen matkanteostaan:

"Päivästä toiseen he kulkivat paahtavassa auringossa. Heidän vesivarastonsa oli lopussa, eikä tippaakaan ollut löydettävissä polttavan kuumasta maaperästä jalkojen alla. Lampaat, joista he olivat riippuvaisia ruoan suhteen, olivat kuusi päivää vailla vettä ja hevoset viisi. Eläimet olivat liian nääntyneitä pystyäkseen syömään tuulen tuivertamia ruohontupsuja, joita matkan varrella oli. Seitsemäntenä päivänä he löysivät hiukan vettä hiekkaa kaivamalla ja onnistuivat jatkamaan kamppailua eteenpäin."

Maisema ei ole noista ajoista paljon muuttunut. Vatsanpohjassa on ajon aikana ikävä tunne: entä jos moottori kämähtää, eikä ole sopivia

Kengurut ovat mukavia lemmikkieläimiä ...

...mutta villeinä ovat niitten vaarana autot.

19

varaosia? Liikennekään ei ole niin vilkas, että apua olisi heti saatavilla. Ja kannattaako autoa ylipäätänsä hinata täältä korjattavaksi? Moni on jättänyt romun tien sivuun, koska hinaaminen olisi tullut paljon kalliimmaksi kuin itse auto. Huolestuneena muistaa etukäteen annettua neuvoa: jos auto särkyy, ei missään tapauksessa pidä lähteä hortoilemaan ympäristöön, vaan on odotettava tien vieressä kunnes joku tulee. Kammolla ajattelee istumista ja odottamista autossa, jonka kattoon aurinko paahtaa lämpötilan noustessa neljäänkymmeneen. Ja kärpäset päälle.

Nullarborin autiomaalla on mittaa päästä päähän lähemmäs seitsemänsataa kilometriä. Hiekkaa, pölyä, kiviä ja joku ruohontupsu.

Mutta vain viitseliäimmät ryhtyvät enää ajamaan autolla autiomaan halki. Nyt ajetaan itärannikolla olevan Sidneyn ja länsirannikolla olevan Perthin väliä junalla.

Nullarborin autiomaassa oleva rautatieosuus on viivasuora.

Sitä on viisisataa kilometriä.

*

Tulo Tennant Creekiin Australian takamaastossa, "Outbackissa", on kuin palaisi Hollywood-elokuvien villiin länteen. Laaja pääkatu, joka kulkee keskellä kaupunkia ja talot sen ympärillä. Matalia rakennuksia, puusta tehtyjä, joissa julkisivu on tehty korkeammaksi lautaseinällä – siihen on maalattu mainos tai rakennuksessa toimivan kaupan tai kapakan nimi.

Puita on vähän ja ne ovat matalia. Ilmasto on todennäköisesti liian kuuma ja kuiva, jotta se pitäisi yllä kunnollista kasvullisuutta.

Minä hetkenä hyvänsä odottaa, että pääkatua pitkin laukkaisi esiin rosvokopla pistooleja ja kiväärejä heiluttaen. Hyppäisi saluunan eteen ja työntyisi heiluriovista sisään. Tuplaviski, kyyppari!

Saluunassa on sementtilattia ja nurkassa biljardipöytä. Tiskin ääressä istuvat oluenjuojat, jotka saavat lasinsa pienelle liinalle, mihin yli läikkyvä vaahto imeytyy. Tupakat tumpataan lattialle tiskin viereen. Todennäköistä on, että ne kootaan siitä kostean sahajauhon avulla.

Australian alkuasukkaita on kapakassa muutama. Täällä takamaastossa heitä näkyy enemmän kuin rannikoitten suurkaupungeissa. Alice Springsissä, Outbackin tärkeimmässä asutuskeskuksessa heitä

Takamaaston avaruus on ankara. Lähimpään naapuriin voi olla sata kilometriä. Ja kun sähköä ei ole, pumputaan polttoaine käsin.

Viesti takamaaston tien varteen jääneessä autorämässä: Jeesus on tulossa.

21

on vielä enemmän, he ovat rakentaneet kuivuneen joen penkalle telttahökkeleitä, joissa naiset ja lapset viettävät aikaa kun miehet käyvät plonkilla – halvalla viinillä – kaupungissa. Australialaisten asennoituminen alkuasukkaisiinsa on hapuileva: yksikään hallitus ei ole vielä onnistunut löytämään ratkaisua siihen, mitä alkuasukkaille eli aboille – kuten heitä kutsutaan – tulisi tehdä.

Alkuasukkaitten kohtalo oli suuressa määrin samanlainen kuin Amerikan intiaanien. Ennen heillä oli hallussaan koko manner, sitten valkoiset alkoivat tunkea heitä tieltään ja aika ajoin heitä suorastaan metsästettiin. Samanaikaisesti tulivat viina ja taudit, joita ei ollut aikaisemmin mantereella nähty. Tuli myös rotudiskriminointi, joka teki mustista toisen luokan kansalaisia, jos senkään arvoisia.

Aboja kerättiin reservaatteihin, joihin vierailijoilta on ollut pääsy kielletty. Niitten läheisyydessä kulkevien teiden varsilla aboja näkee toisinaan myymässä turisteille bumerangeja ja keihäitä: muutamalla markalla saattaa ostaa heittäjälleen palautuvan bumeranginkin. Kaupunkikeskuksien liepeille hakeutuville aboille on hallitus antanut sosiaaliavustusta ja samanaikaisesti ovat valkoiset valittaneet abojen käyttävän sen saman tien viinaan. Työpaikoissa on aboja katsottu epäluuloisesti: sanotaan että yhtäkkiä saattavat lähteä walk-aboutille – vaellukselle – olla poissa muutaman kuukauden ja sitten palata takaisin.

Aboja ei koulutusta vaativissa ammateissa – yhteiskunnan yläpäästä puhumattakaan – juuri näe. Ja syykin on yksinkertainen: australialaisväestön keskuudessa tuntuvat rotuennakkoluulot aboja kohtaan kulkevan voimakkaina. Niitä ovat entisestään olleet lisäämässä lainsäädännölliset rajoitukset, joilla esimerkiksi Queenslandin osavaltiossa on rajoitettu alkuasukkaitten mahdollisuuksia.

Vasta aivan viime vuosina on Australiassa alettu voimakkaammin tiedostaa alkuasukkaitten takapajuinen asema ja samalla myös alettu tietoisesti pyrkiä olosuhteitten kehittämiseen. Pääministeri Gough Whitlam, joka tuli Australian johtoon vuoden 1972 joulukuussa pidettyjen vaalien jälkeen, on erityisesti painottanut alkuasukkaitten aseman parantamista. Hänen hallituksensa on ottanut tehtäväkseen alkuasukkaitten sulauttamisen australialaiseen yhteiskuntaan tasavertaisina kansalaisina.

Mutta tuohon päämäärään on matkaa, ennakkoluulot ovat lujassa. Reservaatteja pitävät monet edelleenkin parhaana elinympäristönä alkuasukkaille: poissa silmistä, poissa mielestä. Toisaalta ovat alku-

Alkuasukkaitten lapsilla ei ole elämässään paljon mahdollisuuksia teitten varsilla varttuessaan.

Alkuasukkaista monet asuvat reservaateissa ja ansaitsevat elantoaan myymällä tien varressa bumerangeja turisteille. Kuvassa kirjoittaja kysymässä tietä abolta.

asukkaitten omat tavat ja tottumukset niin toisenlaisia kuin muulla väestöllä, että ne omasta puolestaan vaikeuttavat sulautumista.

Joku Tennant Creek, Australian takapihalla, saattaa jossain mielessä olla tehokas sulatusuuni: kaupungilla on tarjottavanaan niin vähän, että lähtökohdat ovat kaikilla suurin piirtein samanlaiset. On kaivostyötä, pölyä, muutama kauppa, pari kapakkaa, joissa juodaan olutta yhdessä. Mutta toisaalta Tennant Creek ei anna myöskään huimia mahdollisuuksia muuhun yhteiskuntaan nähden. Koulua voit käydä muutaman vuoden, mutta sen jälkeen saat hakea leipäsi täältä tai hakeutua satojan kilometrien päässä oleviin kaupunkeihin lisäoppia saamaan – jos se on pyrkimys. Ja moniko alkuasukas on valmis vaihtamaan heimonsa, perheensä ja kasvuympäristönsä seutuun, joka luonnoltaan, rakenteeltaan ja ihmisiltään on täysin toisenlainen – ja mahdollisesti vihamielinen. Tätä miettivät Australian tulevatkin hallitukset vielä pitkään, vuosikymmenet.

*

Alkuasukkaitten kuten muittenkin australialaisten asioista päätetään pääkaupungissa Canberrassa. Samalla tavalla kuin Australia muuten on merkillinen luontonsa suhteen, on Canberra omalaatuinen keinotekoisuudessaan. Kerrotaan tarinaa, että kaksi Australian suurkaupunkia Sidney ja Melbourne eivät pystyneet sopimaan, kummasta olisi tullut uuden liittovaltion pääkaupunki. Kummatkin halusivat, mutta kummassakin oli niin paljon väkeä, että ne olisivat pystyneet estämään toisen pääsyn pääkaupungiksi.

Syntyi kompromissi. Päätettiin tehdä kokonaan uusi pääkaupunki jonnekin näitten suurkaupunkien välille, ettei kummallakaan puolella olisi sanomista. Vuonna 1911 järjestettiin kansainvälinen arkkitehtikilpailu uuden kaupungin laatimiseksi. Kilpailuun osallistui myös suomalainen arkkitehti Eliel Saarinen. Hän olisi voittanut koko hötäkän, mikäli olisi piirtänyt tekojärven kaupungin keskustaan. Mutta Eliel ei piirtänyt. Sen sijaan sen teki amerikkalainen arkkitehti Walter Burley Griffin, joka sitten veikin voiton kotiin. Saarinen tuli toiseksi, ja myöhemmin on hänen ajatuksiaan kaupungin toteuttamisessa käytetty runsaasti hyväksi.

Niinpä Canberrasta tuli designeerattu kaupunki: yhtä luonnollinen ja luonnonläheinen kuin muovimuki.

Suihkulähteet soljuvat, vesi välkkyy tekojärvessä ja kadut kulkevat kartan mukaan. (Ehkä kartta piirrettiin jo ennen kuin kaupunki edes oli pystyssä). Toisella puolella tekojärveä on parlamenttitalo ja sen edessä ruohomattoa ja lähderakennelmaa. Täsmälleen vastakkaisella puolella ruohomatto jatkuu ja sen päässä on muistomerkki sodissa kuolleille. On siltoja ja Australian lippuja ja nurmikon hoitajia kastelemassa suoriin riveihin istutettuja puita.

Kaunis kaupunki Canberra toki on. Taloilla on omat pienet puutarhatilkkunsa ja puita yltympäriinsä niin, että maisema korkealta mäeltä katsottuna on vehreä ja rauhallinen. Mutta kuinka täällä ihmiset asuvat? Uskaltavatko he astua nurmikolle, uskaltavatko edes järveen pudottaa tupakantumppia? Jotenkin Canberra on liian kaunis, liian vihreä, liian suunniteltu.

Mutta sitten näkee parin kilometrin päässä parlamenttitalosta maalaisukon hätistävän lehmiä laitumelle vielä itse kaupungin alueella ja ajattelee, että kaipa se tästä tokenee. Aika silottaa uutuuden särmät ja tekee Canberrasta paikan, jossa voi kuvitella asuvan muitakin kuin hallitusherroja ja diplomaatteja.

Mutta täältä Australiaa joka tapauksessa hallitaan.

Täällä istuu liittovaltion parlamentti. Kahdessa kamarissa, senaatissa ja edustajainhuoneessa, peruna Englannin hallintojärjestelmästä. Sillä vuosisadan taittuessa sai Australia itsenäisyyden Englannilta. Siitä tuli liittovaltio, johon yhtyivät Länsi-Australia, Etelä-Australia, Queensland, Uusi Etelä-Wales, Tasmania ja Victoria. Pääkaupunki Canberra on oma hallintoalueensa, samoin lähes koko takamaaston Outbackin kattava Pohjoinen Territorio. Australialla on ollut myös siirtomaa, Papua-Uusi Guinea, jonka kuitenkin vuoden 1974 lopussa oli määrä saada itsenäisyys.

Australia kuuluu Brittiläiseen Kansainyhteisöön ja sen valtionpäämiehenä on edelleenkin Englannin kuningatar, jonka edustajana paikalla on kenraalikuvernööri. Että Australiaa hallittaisiin Lontoosta on kuitenkin hyvin suuressa määrin teoreettista ja nimellistä, jos kohta keväällä 1973 australialaiset hämmennykseksseen havaitsivat, että Englannilla vielä oli teoreettinen oikeus muuttaa Australian hallituksen tekemiä päätöksiä.

Liittovaltion jäsenillä on myös melko laajat oikeudet päättää alueensa asioista ja jopa oikeus erota liittovaltiosta: ajatus, jolla Queenslandin konservatiivinen pääministeri leikitteli keväällä 1973, kun Canberrassa istuvan työväenpuolueen hallituksen otteet tuntuivat liian kovilta.

Joulukuussa 1972 järjestetyissä vaaleissa koki Australia jyrkimmän muutoksensa kahteen vuosikymmeneen. Yli 20 vuotta olivat maata hallinneet liberaalisen ja maaseutupuolueen miehet. Nyt yhtäkkiä australialaiset äänestivät maan johtoon Gough Whitlamin johtaman työväenpuolueen.

Whitlam on lähes kahden metrin mittainen miehenhujoppi, joka tunnettiin äkkinäisyydestään, kiivaasta temperamentistaan ja poliittisista lahjoistaan, varsinkin organisaattorina. Eikä Iso Gough pettänyt niitä, jotka luottivat hänen lupauksiinsa muutoksista.

Niitä alkoi tulla roppakaupalla.

Ensimmäiseksi muutokset näkyivät ulkopolitiikassa. Australia oli koko itsenäisen olemassaolonsa aikana ollut Englannin ja myöhemmin Yhdysvaltain myötäilijä. Australian konservatiiviset pääministerit olivat vannoneet uskollisuutta niin Englannin johtajille kuin Yhdysvaltain presidenteillekin. Australia oli maanosa, jolla oli paremmat suhteet Eurooppaan ja Amerikkaan kuin lähimpiin naapureihinsa Aasiassa, mistä esimerkiksi maahanmuutto oli ollut lähes mahdotonta. Euroopasta maahanmuuttajia sen sijaan oli lähes ostettu Australiaan.

Ensi töikseen pääministeri Whitlam veti australialaiset sotilaat pois Vietnamista, missä he olivat tukeneet Yhdysvaltain sotavoimia. Kiinan kansantasavalta tunnustettiin, samoin Pohjois-Vietnam ja myöhemmin Pohjois-Korea – kaikki temppuja joihin aikaisempien vallanpitäjien olisi ehkä voinut ajatella ryhtyvän vasta vuosia myöhemmin. Samalla ryhdyttiin hankkimaan ystäviä lähimmästä naapuristosta, Aasiasta. Ystävyyskampanjaan kuului, että siirtolaisministeri Al Grassby vakuutti siirtolaisuuden Australiaan olevan nyt mahdollista kenelle hyvänsä, väriin ja rotuun katsomatta. "Valkoisen Australian" -politiikka (että vain valkoiset pääsivät siirtolaisiksi Australiaan) on kuollut ja kuopattu, vakuutti Grassby keväällä 1973 tämän kirjoittajalle. Myöhemmin on vakuutuksen toteutumiseen käytännössä suhtauduttu jossain määrin varauksellisesti.

Sisäpolitiikassa lähdettiin liikkeelle yhtä pontevasti: asevelvollisuus poistettiin, eläkkeitä nostettiin ja hallitus alkoi muokata maalle yhtenäistä terveydenhoitojärjestelmää. Aikaisemmin kukin osavaltio oli suuressa määrin itse päättänyt, millaiset terveydenhoito-olot asukkaille oli järjestetty. Hallitus alkoi myös asettaa rajoituksia ulkomaisen pääoman toimintamahdollisuuksille Australian luonnonvarojen hyväksikäytössä.

Ylipäätään sanottiin Whitlamin ja hänen ministeriensä pyrkivän muokkaamaan Australiasta yhteiskuntaa mallien mukaan, jotka olivat löydettävissä Pohjoismaissa, ja lähinnä Ruotsissa.

Ensimmäiset todelliset poliittiset koitoksensa – vaalit keväällä 1974 – Whitlam selvitti niukasti, mutta kuitenkin. Kuvaavaa Australian poliittiselle järjestelmälle on, että kun parlamentti hajotettiin huhtikuun lopussa, uusi parlamentti pystyi kokoontumaan vasta heinäkuussa. Syynä oli äänestys- ja ääntenlaskujärjestelmä, jota pääministeri Whitlam itse kutsui "mielettömän monimutkaiseksi". Äänestyslipun tunnolliseen täyttämiseen kului sidneyläisen televisio-ohjelman järjestämässä kokeessa tavalliselta äänestäjältä puolisen tuntia.

Syksyllä 1974 pääministeri Whitlamille kuitenkin ennustettiin vaikeuksia. Inflaatio oli lähempänä 20 kuin kymmentä prosenttia. Työttömyys oli nousussa ja taloudelliset asiantuntijat ennustelivat todellista talouselämän taantumaa ja inflaation nousua entistä huimempiin lukemiin.

Ensimmäisen vaalivoittonsa Whitlam ja työväenpuolue olivat saaneet iskulauseella "It's time" – on muutoksen aika.

Toisen vaalivoiton saamiseksi vedottiin australialaisten perinteeseen, että jokaiselle on annettava mahdollisuus yrittää: "Give him a fair go".

Whitlam sai australialaiselta äänestäjäkunnalta tuen kummallakin kerralla.

Seuraava kerta on työväenpuolueelle varmasti kovin: silloin äänestäjille on esitettävä todellisia tuloksia, vetoavat iskulauseet yrittämisestä eivät enää riitä. Mutta toisaalta harva epäilee etteikö sanavalmiudestaan tunnettu Gough Whitlam keksisi jotain aivan uutta ja vetoavaa.

Esimerkiksi: Tomorrow, mates, tomorrow. Huomenna kaverit, huomenna.

*

Kaikenlaisia tietoja Australiasta:

Väkeä Australiassa on n. 13 miljoonaa. Kahdeksan ihmistä kymmenestä asuu kaupungeissa. Kansantulo henkeä kohti vuodessa oli n. 12 000 mk vuonna 1971.

Siirtolaisia on Australiaan viimeisen kolmen vuosikymmenen aikana saapunut noin kolme miljoonaa. Suomalaisia heistä on runsaat 10 000.

Alkuasukkaita on n. 140 000: Vuosisadan loppuun mennessä heidän määränsä odotetaan kaksinkertaistuvan.

Australian rantaviivan pituus on 20 030 kilometriä. Etäisyyys vastaa merimatkaa Sidneyn ja Lontoon välillä Suezin kanavan kautta.

Australian pinta-ala on runsaat 7,5 miljoonaa neliökilometriä, eli puolet koko Euroopan pinta-alasta, mikäli Neuvostoliittoa ei lasketa mukaan.

Australia on maailman matalin maanosa. Kolme neljännestä sen alueesta on keskimäärin 300 metriä merenpinnan yläpuolella. Korkein kohta on Mount Kosciusko, joka on 2 228 m merenpinnan yläpuolella.

Australian tärkeimmät vientiartikkelit ovat liha, meijerituotteet, viljatuotteet, hedelmät ja sokeri, rauta- ja muut malmit, hiili, kemian teollisuuden tuotteet, koneet.

Viennistä muodostivat maa- ja karjatalouden tuotteet vv 1970–71 47,1 prosenttia, kaivosteollisuus 24,8 prosenttia ja teollisuus 20,5 prosenttia.

Australiassa on 163 miljoonaa lammasta ja ne tuottavat lähes kolmanneksen maapallon villasta. Australialaiset söivät lampaanlihaa vuosina 1970–71 kaikkiaan 41 kiloa per nenä. Naudanlihaa syötiin henkeä kohti 39 kiloa.

Pihvit huuhdellaan alas oluella: australialainen juo vuodessa n. 130 litraa olutta. Tämä vie Australian maailman kaljankäyttäjäkansakuntien kärkikolmikkoon.

Cheers, mate.

2. Länsi-Australia

Kuinka yölöysistä lähdetään Australiaan repäisemällä rullasta paperi

Perthin kaupunki Länsi-Australiassa on lähes pelkkää puutarhaa, on puistoa, vesiväylää ja istutuksia. Meri on lähellä, hetken ajo Freemantleen ja olet Intian valtameren rannalla. Ellei autoja olisi, tuntuisi kaupunki nukkuvan vielä siirtomaa-ajassa. Mutta autoja on, ja supermarketteja, ja pubin tiskiin nojaten voi seurata kilpa-ajoja mantereen toisella puolella, Sydneyssä ja Melbournessa. Esikaupungeissa eletään omissa pienissä taloissa: sunnuntai on lauhkeaa lepopäivää, ellei nyt sitten ota lukuun naapurikapakkaan ajavia punakoita polvihousuisia oluenostajia. Mutta sekin kuuluu jotenkin idylliin.

Karviset ovat Kotkasta kotoisin: Aune on apuhoitaja, Tauno työmies. Kummatkin ovat alta kuudenkymmenen ja olleet Australiassa jo pitkälti toistakymmentä vuotta. Lapsia heillä on kolme, poikia kaikki. Vanhin, Reijo, on insinööri.

Aune Karvinen on iloinen, vaalea, Tauno hiljaisempi.

– No siinä lähdössä oli syynä enemmänkin että mie olin kipiä, sanoo Aune. – Ja sitten oli se asunto. Ei tahtonut saaha kunnon asuntoo, piti aina assuu pienessä tilassa. Se oli suurin syy että myö lähettiin... Että mitenkä se lähtöpäätös tuli? No isä, sano sie.

– Siinä ei ollu paljo päättelemistä. Mie olin aamulla töissä, kaks kaverii lähti sieltä paperitehtaalta Australiaan ja hyö sano että nyt hyö lähtee. Ne oli olleet viimestä yötä töissä. Mie sanon sille toiselle, että annappa se konsulin osote sieltä Kööpenhaminasta, että myö tullaan vuuen perästä. Nähhään sitte siellä. Se repäs rullasta paperin ja kirjoitti siihen sen osotteen ja mie kun tulin aamulla töistä kottii sen yölöysin päätteeks mie sanon tälle että eikö myökin lähetä Australiaan. Tässä on konsulin osote ja tää alko heti kirjottaan...

– Mie sanon ettei kiinni piä...

–...kirjettä Kööpenhaminaan ja sieltä tuli kohta paperia iso nippu. Eikun ne täytettiin eikä siinä ollu kun muutama kuukausi aikaa kun Helsinkiin jouduttiin konsulin puhutteluun ja sitte se olikin kaikki valmista. Mein piti lentokonneella tulla, mutta sitte tuli niin kiire lähtö meillen, kun yhtenä päivänä menin käymään siellä matkatoimistossa ja ne sano että laivassa pääsette paljo halvemmalla, että jos neljän päivän aika pääsette lähtemään...

– Sillo tuli kiire myyvä kaikki kampsut ja kimpsut...

– Ehittiin myyvä osa pois, auton mie jo kerkesin myyvä ja kaikkia semmosii, mutta sitte soitettiin siskon kottii Helsinkiin ja ne tuli hakemaan kuorma-autolla ja kaikki jaettiin mikä mihinkin. Siinä ei kerenny paljo itkemään...

– Ei kerenny.

– Passit laitettiin suoraan Kööpenhaminaan, ne saatiin junnaan siellä. Ne ei kerenneet ennää tulla Suomeen, oli niin kiire. Mie jäin varttumaan niitä muita matkapapereita vielä Kotkaan päivän etteenpäin, tää läks jo Helsinkiin. Tää nous Kotkassa linjabussiin, niin linjabussi kun ol lähteny niin auton radiosta ensimmäiseks kajahti laulu että mustalaiseks olen syntyny...

Ikkunaverhot Suomesta ettei tuntuisi niin oudolta uudessa paikassa. Kirjallisuudeksi Raamattua ja sanakirjaa.

Karvisten alkutaival Australiassa on hyvin samanlainen kuin muillakin suomalaisilla. Laivalla perille Melbourneen, sieltä junalla Bonegillan leirille, jossa annettiin ensimmäiset ohjeet elämästä uudella mantereella.

– Mie sanon isälle: ja munimaan ei kyllä tänne Bonegillaan jäähä.

Viikon Karviset viettivät Bonegillassa, sitten tuli ensimmäiseksi työpaikaksi Nullarborin autiomaa. Alue jossa ei paljon kasva ja mantereen poikki kulkeva rautatielinja on satoja kilometrejä viivasuoraa. Ja rautatietöihin ryhtyi Tauno Karvinen.

– Korjattiin rattaa niissä rautatietöissä. Tarkastettiin ja moottoriresiinalla ajettiin semmonen 25 mailin lenkki ja sitte korjattiin, missä oli pahoja paikkoja.

– Miten siitä rahaa tuli?

– Siihen aikaan se oli 15–16 puntaa viikko. Vuokraa oli – se oli valtion talo – yks punta viikossa ja sähköstä ei menny kun vähän. Oikein hyvät oli asunnot, hyvä oli assuu. Iso talo, kolme petiruumaa. Sitte tultiin maalaamaan ja laittamaan kuntoon kun myö sanottiin että ne on niin mustia. Ei meillä ollu mittään valittamista.

– Sitte kun muutettiin Ballarattiin, piti pojan päästä kouluun, kun siellä autiomaassa ei ollu kouluu. Myö tultiin Ballarattiin ja hän meni siellä sitten teknilliseen kouluun ja valmistu sitten myöhemmin insinööriks. Siellä myö asuttiin viikko vuokralla, mutta myö sanottiin, että eihän myö vuokrii ruveta maksamaan. No, sitte nähtiin yks vanha talo, kolmesattaa vuotta vanha. En mie nyt tiedä, oliko se kolmesattaa vuotta vanha, mutta mie aina sanon. Paljon kukkasii ja hedelmäpuita pihassa ja se oli huutokaupassa. Mie sanon että sitä nyt ostamaan, se makso tuhatviissataa puntaa. Ja meill oli vaan kakssataaviiskymmentä puntaa ja se annettiin siihen. Kymmenen puntaa jäi rahaa eikä töistä ollu tietookaan. Mutta talo ostettiin ja paperit tehtiin ja se tuomari sano että hyvät ihmiset nyt työ menetätte nääkin rahat. Mie sanon, eikä menetetä, että myö saahaan kuus puntaa viikossa, myö maksetaan viis puntaa ja punnalla eletään. Ja niin myö tehtiin. Mutta sitte se parani kun isä myöhemmin sai viis puntaa päivässä ja se oli hyvä raha siihen aikaan. Ei meill ollu menny kauan kun myö maksettiin se talo, kolme vuotta...

– Onkos teillä ollut kovia aikoja?

– Ei meillä nälkä oo ollu koskaan. Tietysti ei sillo alkuaikoina rahhaakaan ollu paljo, mutta se täytyy säästää kerta kaikkiaan, pittää pihistää. Jos sie et pihistä, niin mittää sie et saa. Alusta elämän kun alkaa niin kyllä siinä pihistää täytyy. Jos sitä tarkkana on, mutta jos sitä ruppee juomaan ja renttuilemaan niin sillon sinä et saa mittään, sillon se mennee ihan... Meillä ollaan ihan vesimiehiä, meill ei oo mihinkään sellaseen menny. Me ei juhlita, myö ei olla käyty elokuvissa eikä missään sellasessa. Ainut missä myö käyvvään on kirkko, myö ollaan seitsemännen päivän adventistei.

Karvisille on käynyt Australiassa niin kuin monelle suomalaiselle: vaikka Suomessa ei olla oltu kiinnostuneita kirkosta aktiivisesti, niin Australiassa on asennoituminen muuttunut. Moni on ryhtynyt toimimaan seurakunnissa, joko luterilaisessa, kääntynyt helluntaiuskoon tai kuten Karvisten tapauksessa seitsemännen päivän adventismiin.

– Ei myökään Suomessa käyty kirkossa. Mutt se on vissiin sillä tavalla, että sillon kun myö mentiin Nullarborin autiomaalle, miulla ei ollut mittään tekemistä. Mie olin vaan kotona, lapset oli pieniä ja mie luin Raamattuu, joka oli mukana. Se on kumma, ei myö Suomessa käyty paljon kirkossa, mutta aamuhartauvet mie aina kuuntelin, mie oon aina tykänny uskonnosta. Raamattu oli ainut suomalainen kirja ja sitt oli sanakirja. Ja se Australiakirja. Nää oli ainoot mitä oli mukana. Ja sitte ikkunaverhot. Mie sanoin, ikkunoiss täytyy olla verhot. Se tuntuu niin ouvolta, jos ei ikkunoissa ole verhoja. No mie luin sitä Raamattuu ja siinä sanottiin että sapatti on lauantai. Ja sitä mie luin ja mie ihmettelin... Siitä se sitte alko. Meille tuli sinne niit pappeja, kävi kaikkia pappeja. Sitten sinne tuli yks pastori Peterson, se oli seitsemännen päivän adventisti. Se kysy jos mie haluan joitakin lehtiä, niin mie sanon jees ja sain näitä suomalaisia adventistilehtiä. Sitte hän sano että jos mie haluan kirja... sitä mie en ollenkaan ymmärtäny, mutta mie sanon taas jees ja sitte tuli Amerikasta se korrespondent... se sellanen raamattukurssi. Mie kirjotin sen suomen kielelle. Sillä viisii se selvis ja sillä tavalla meistä tuli seitsemännen päivän adventisteja, ja sitä on oltu. Mutta ei meill oo mittää riitaa uskonasioista, jokahinen saa uskoo niinkun tahtoo.

Kuinka kielitaidoton pääsi apuhoitajaksi sanomalla jees, jees.

Karviset ovat sangen tyypillinen esimerkkiperhe suomalaissiirtolaisista jotka lähtevät uusille paikoille osaamatta vaadittavaa kieltä. Laivassa opetellaan lukusanoja ja sanontoja, mutta ylipäätään pyritään alkuvaikeuksista selviämään tulkin avulla tai viittomalla. Kauppojen muuttuminen valintamyymälöiksi on varmasti osaltaan huomattavasti helpottanut uuteen maahan tulleitten elämistä. Ainakin se on laajentanut ruokavaliota, joka aikaisemmin rajoittui käsillä ja eleillä esitettäviin tarvikkeisiin. Mutta kielitaidottomuudesta voi olla hyötyäkin, kuten Aune Karviselle:

– Miulle kävi sillä viissii, että kun nuorin poika tuli kymmenen vuotiaaksi, niin mie sanon, että nyt mie mään töihin. Ja niin mie yks päivä sitten läksin kysymään sairaalasta siivoojan töitä. Mutt ko ehän mie osannu tätä englantii ja se oli airish se sista (hoitajasisar oli irlantilainen) ja sillonhan mie en ymmärtäny sitä sen vertaa. Ja sitt miull ei ollu silmälasei mukana. Kun se sista sitte puhu miulle, mie vaan sanoin jees, jees. Sitte hää sano, että jos hän kirjottaa paperille. Kun miull ei ollu silmälasei, niin mie en nähny. No se sista katto ihmeissää minnuu, näytti kolmee sormee, että hää ottaa miut three weeks, sen mie ymmärsin, että ottaa kolmeksi viikoksi ja kattoo mitä mie ossaan tehhä. Sitte se sano, että tahot sie nähhä siun työn. Mie sanon jees, jees, taas jees. Sitte se näytti potat ja potilaat, pesuastiat ja kaikki ja sano, että huomenna sinä sitten rupeet nöösimään (apuhoitajaksi). Miulle tuli hiki päälle, mie tulin ihan märäks. Hyvä isä, enhän mie oo ikänä nöösän työtä tehny! Siivoomahan mie meinasin tulla! Mie tulin kottii ja sanon isälle: nyt siun akast tuli nöös! Ja nii se alko, miulla meni hyvin ja se sista sano, että sie oot hyvä. Se sano toisillekin, että kattokaa Ääniä, Ääni laittaa petitkin niin hyvin että työ ette laita niin hyvin ja se on ollu vasta niin vähän aikaa täällä. Siitä saakka mie oon ollu nöösi ja miulla on hyvät todistukset kyllä... Niin että vahingossa pääsin. Ku et ossaa englantii, kun oot hölmö. Ehän mie ikinä olisi uskaltanu, jos olisin ymmärtäny...

Kieliongelman kohtaa lähes kaikkien suomalaissiirtolaisten piirissä: jos englannin kieli on sinällään vaikea, on australialaisilla englannista oma versionsa, joka saattaa monin paikoin kuulostaa aivan omalta kieleltään. Asioille ja esineille on täysin omia sanoja, joihin ei juuri saa selvyyttä sanakirjojenkaan avulla – varsinkaan sellaisten, jotka on tehty Euroopassa. Näin ollen eivät väärinkäsitykset ole mitenkään epätavallisia.

– Kielen kanssa on käyny kaikenlaista. Niinkun kerrankin, kun piti uunin etteen laittaa semmonen pelti, ettei kipinät sytytä lattiaa. Myö soitettii jotku miehet sinne ja kun hää tuli niin se ol kyllä hyvä! Miun piti sanoo ekskyys mii, että anteeks, että tulkaa tänne niin mie sanoin kiss mii kam oon, kiss mii kam oon! Kyllä miehet nauro! Yks tuli hyvin varovasti miun luo, ja mie sanon tin tin tin, sen mie osasin sannoo, se meinas peltiä. Kyllä niille nauru kelpas. Enkä mie ymmärtäny, mitä mie olin tehny, ennenkun poika tuli kottii ja mie kysyn, että kuule kun äiti puhu sitä englantia ja sano että kam oon kiss mii... Poika sano että kyllä sie oot ihan mahoton, sie käskit ittees suuteleen... Toisen kerran kun menin ostamaan kanamunia niin sain kakstoista kirvestä! Mie hyvä etten ruvennu kotkottamaan, viittasin kädellä, että vie pois, vie pois. Mitkä oli Haikissa ne ihmiset kun ne ei osannu mittää eikä niillä ollu sanakirjaa, niin ko ne tahto sianlihhaa ne pani röhröh. Sitt ko ne tahto sellasta raavaslihhaa ne pani ammuu ammuu ja pähähä kun ne tahto lammasta. Moni suuttuu, mutta pitäs nauraa, toiset kun nauraa ja ite nauraa niin se mennee niin hyvin ettei ole minkäänlaista harmia. Täytyy kestää oma hölmöytensä, jos ei ossaa englantia. Mie tuun maahan enkä ossaa, ketä mie syytän kun ittiäin...?

Karvisilla on työ, talo, auto, oma sauna ja lapset Australiassa kasvaneita ja siihen sopeutuneita. Itse aletaan olla eläkeiässä kohta puoliin, joten paluu Suomeen ei enää ole mielessä. – Meill ei oo mittään turvaa siellä vanhana, sanoo Aune Karvinen.

   – Käymään me voidaan mennä. Mutt Japaniin mie haluan ensimmäiseks, mie en ole Japanissa käyny. Mie sanon isälle, ett ensimmäiseks pittää mennä Japaniin, sitte mennään Suomeen. Suomi me ollaan nähty.

Australialaisen olutlasissa on oltava puoli tuumaa vaahtoa

Seppo Vauhkosta on paha erottaa syntyperäisestä australialaisesta: kieli sujuu paikallisen ääntämyksen mukaisesti, käsi kääntyy olutpurkin ympärille puhtaan australialaisittain, donksit jalassa lätsähtävät niin kuin ne vain Australiassa voivat. Lauantai-iltapäiväisessä pubissa Seppo yhtäkkiä havahtuu kuuntelemaan radiosta tulevaa selostusta – Melbournessa on ratsastuskilpailut ja täällä Perthissäkin lyödään niistä vetoa. Jalka on tukevasti pubin baaritiskin alaosaa kiertävällä jalkatuella, juttu luistaa australialaisesta elämäntavasta:

   – Kato nyt tätä mitä mulla on nytten päällä. Puolilikanen hikipaita, housut jalassa, ei kenkiä – koska paljon Suomessa tällasta näet? Täällä on se elämäntyyli niin vappaa, ettei kettään teititellä. Täällä menet kapakkaan, niin koska luulet Suomessa alkavan tapahtua samanlaista, että joku alkaa naapurin kanssa jutteleen mittään? Jos mennee kyllään täällä niin ei koskaan sanota sukunimiä, sanotaan vaan etunimet. Täällä on paljon sellaista iltaisin, että kansa ottaa kaljaa ja steikkiä ja istutaan ulkosalla, pannaan barbecue. Siinä grillataan steikkiä, juodaan kaljaa ja jutellaan. Täällä ei mittään muuta juua oikeastaan kun kaljaa. Nyt viime vuosina on australialaiset alkanu juoda viiniä: se melkein johtuu siitä kun siirtolaiset ja varsinkin italialaiset on sitä harrastaneet. Mutta kapakassa, kyllä se on kalja.

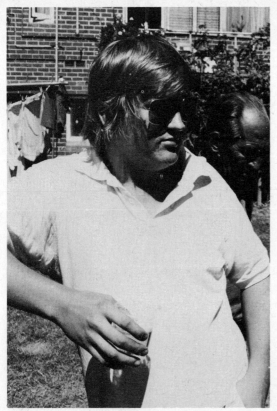

Seppo Vauhkonen Perthistä on jo lähes kokonaan australialaistunut.

Perthin Karviset ovat iloista väkeä. Aune Karvisesta tuli nöösi kun sanoi jees, jees.

Kapakka, hotelli, pub, lounge bar, saloon bar kuuluu australialaiseen elämänmenoon olennaisesti. Keskellä outbackia, Australian laajaa takamaastoa voi tulla kylään, jossa ei ole juuri muuta kuin bensa-asema, posti ja poliisi. Mutta vääjäämättömästi kylässä on myös kapakka, josta saa oluen yhtä kylmänä kuin Sidneyn parhaista paikoista: Itse asiassa sitä on mainostettu jo kilometrikaupalla aikaisemmin. Oluen tarjoamisaikoihin saa ulkopuolinen opetella, ne vaihtelevat osavaltiosta toiseen, samoin on olutlasien koon laita: ei ole lainkaan sanottua, että länsi-australialaisella termillä olutlasista saa samansuuruisen Brisbanessa ja Queenslandissa.

– Kapakka on täällä Australiassa niinko semmonen seurustelupaikka, missä kaveria tavataan ja kaikkea muuta. Vanhat naisetkin kun tullee kapakkaan niin ne kerralla tillaa kaks lasia ja kaataa sitten toisesta toiseen, jotta siihen tullee se kuohu. Mitä Australiassa ei koskaan juua, on väljää kaljaa. Jos kapakassa sattuu lasi, jossa ei ole sitä puolta tuumaa vaahtoa päällä, niin heti vaan uus. Kyllä kalja on täällä kansallisjuoma. Prosenttimäärä kaljassa täällä pitäs olla yks maailman korkeimpia. Täällä se kansa, joka ei juo, aina valittaa että kalja on liian voimakasta ja ne on monta kertaa yrittäneet saada sen prosenttimäärän alas, mutta ei siinä koskaan mittään tapahdu tietenkään. Valtio, niinkun tavallista, ottaa helvetinmoisen veron tupakasta, kaljasta ja viinasta yleensä ja siinähän se on melkein valtion suurin tulolähde.

Australiassa hankittu koulutus auttaa eteenpäin, vaikka sen antama yleissivistys ei ehkä olisikaan Suomen luokkaa

---

Seppo Vauhkonen tuli vanhempiensa mukana Oulusta Australiaan vuonna 1961. Isä oli Suomessa kauppias, mutta Australiassa hän on ollut tehdashommissa, huhtikuusta 1973 hän oli eläkkeellä. Sepon äiti on viimeksi ollut siivoojana lentokonetehtaalla, mutta on eläkkeellä hänkin. Seppo oli Australiaan tultaessa vielä kouluiässä: hän joutui päättämään sen Australiassa:

– Olin käynyt Suomessa koulua kahdeksan vuotta. Mää menetin täällä sitten kaksi vuotta sen takia, etten puhunut yhtään englantia kun tulin. Ja täällä on ihan eri koulusysteemi kuitenkin. Esimerkiksi sillon kun mää tulin, niin Suomessa oli ollut jottain kaksitoista ainetta. Täällä sitten ensimmäisenä vuotena oli vaan kaheksan ainetta, siinä oli arts ja historia ja loput sitten oli käytännöllisiä aineita, jos nyt matematiikkaa voi käytännön aineeksi sanoa. Sitten oli fysiikkaa ja kemiaa ja kieliä. Voi sanoa että yleissivistys täällä ei ole niin korkea kuin Suomessa. Mä kävin täällä sitten neljä vuotta koulua, ylioppilaaksi saakka.

Koulun jälkeen Seppo kävi teknillisen opiston. Sen jälkeen tuli töitä, toimistohommia – olin niinkun semmonen pikkunen varastopäällikkö – mutta kaikkea muutakin, autoinsinööri jne... Mutta sitten piti lähteä Eurooppaan ja Suomeen.

– Sillon vuonna -68 oli paha työttömyys, oli 60 000 työtöntä keskellä talvea. Mää kävin kattomassa muutamassa paikassa niinku tulkiksi mutta kaikkihan siellä puhu englantia kuitenkin. Menin sitten työnvälitystoimistoon niinkun Suomessakin niitä on – täällähän se siirtolaiselle on iso asia kun tulee – ja yritin saaha hanttihommia ja mitä vaan – ei mittään. Alko tulemaan nälkä ja rahat loppu, oli parasta tulla kotiin. Kun oli Australian kansalainen niin ne sano, ettei oikeastaan voi kirjoille edes panna, mutta sitten ne teki sen kuitenkin. Jos olis ollut Suomen kansalainen, olis tietenkin joutunu sotaväkeen. Täällä en joutunut kun ei osunut arpa kohdalle ja kun täällä oli ottanut Australian kansalaisuuden niin en joutunut Suomessakaan. Täällä on tapahtunut paljon italialaisille ja kreikkalaisille – niille varsinkin – että vaikka on kansalainen täällä, ne on pantu linnaan Kreikassa. Ja Australian suurlähetystö sitten joutuu tappeleen viranomaisten kanssa Kreikassa, että ne pääsis pois.

Suomesta palattua Sepolle järjestyi töitä Perthissä, tällä hetkellä hän on apulaisjohtajana suuressa autoliikkeessä. Hän kuuluu siihen vielä sangen harvalukuiseen suomalaisten siirtolaisten joukkoon, joka on kohonnut johtaviin asemiin australialaisessa työelämässä. Kuinka pieni tämä joukko itse asiassa on, miten Seppo Vauhkonen paikoittuu siihen:

– Hankalaa sanoa. Täällä on paljon suomalaisia ja ammattimiehiä yleensä tullee: kirvesmiehiä, muurareita ja muita. Esimerkiksi Melbourneen tullee muurareita jotka tekevät urakkatöitä, niillä on muutama mies, on ainakin kaks kolme sellaista gängiä, joissa on puolen tusinaa suomalaista miestä ja ne tekevät urakkatyönä rakennuksen. Mä lyön vetoa että ne tekee helkkarin paljon enemmän rahhaa kuin minä. Ne on ammattimiehiä, työmiehiä, mutta jos johtavassa asemassa olevia katsoo, niin niitä ei liian paljon oo. Se on sillä ko ne ei puhu englantia oikein hyvin. Toinen asia on tietenkin, että kun on saanu koulutuksen Australiassa, se on enemmän australialainen kuin suomalainen siinä suhteessa. Täällä hankittu koulutus on parempi edellytys paremmille paikoille.

Kuinka suomalainen siirtolainen menee naimisiin puolalaisen siirtolaisen kanssa ja mitä häissä tapahtuu

---

Seppo on naimisissa puolalaisen tytön kanssa, vaimo löytyi omasta työpaikasta.

– Ja pitivätkin komiat häät, sanoo Sepon äiti.

– Oikein puolalaiseen tyyliin. Kirkonmenot oli monasterissa, munkkiluostarissa. Kato kun hän on katolinen ja varsinkin viis kymmenen vuotta sitten ei ollut mittään mahdollisuuksia mennä naimisiin katolisen kanssa, jos ei itte tullut katoliseksi. Minä jo ajattelin että tulee kaikenlaisia hankaluuksia. Lähetettiin vaan paperit ja siihen missä kysyttiin uskontoa minä en pannu mittään – ne muutti sen sitten luterilaiseksi. Sitten käytiin siellä papin puheilla, se oli oikein villi mies. Mentiin sinne luostariin ja minä ajattelin että mitähän nyt tapahtuu että on iso juttu, tukka leikattu lyhyeksi ja muuta – mutta ei mittään. Äijä tullee viskipullon kanssa sieltä. Me melkein juotiin koko viskipullo siinä ja juteltiin vaan. Se oli puolalainen ja Euroopassa asunu suurimman osan ikäänsä ja nähny vähän elämää niin se ei ollu ollenkaan ahasmielinen. Sanalla ei mainittu kääntymisestä katolisuuteen, uskonnosta ei puhuttu mittään.

– Eikä naimisiinmennessäkään puhunut, sanoko mittään mitä velvollisuuksiakaan siinä on..., puuttuu äiti Vauhkonen väliin.

– Ei se mittään, se vaan kysy rakastinko mää tulevaa vaimoani ja mää sanoin että joo. Se sano että hyvä asia. Ne häät sitten oli tosiaan isot. Yleensä ne vuokraavat ravintolan tai hallin tai jottain ja nämä vuokras sellasen hotellin, sellasen osan joka oli juur tällasia häitä ja muita tilaisuuksia varten. Siellä sitten istuttiin ja piettiin puhheita ja sitten tuli appiukko ja otti käestä ja sano, että nyt sinun pittää tavata kaikki nämä miehet. Naisille vaan sanotaan päivää, mutta miehet pittää tavata. Puolalainen orkesteri soitti ja porukkaa oli satakunta ja ainakin viiskytä miestä, kahdella puolella salia. Jokaisen miehen kanssa piti ottaa ryyppy. Otettiin sillä puolalaisella tyylillä, että kaadetaan vaan ja sanotaan nasdrovje ja yhellä kerralla kaikki alas. Yhen puolen mä muistan melko hyvin, toisen puolen mä muistan puoleen väliin, sitten se loppu alko unohtua. Meillä oli huone siellä käytettävänä ja siellä mä olin sitten kymmenen aikaan kaikki valot pois. Morsiamen isä kuulemma sano mikrofoniin, että minä vein sulhaspojan jääkaappiin. Siellä mä makasin ja kaikki ne naiset kävi kattomassa, kun minä siellä petillä kuorsasin.

– Tapahtuuko tällaista usein, että eri siirtolaisryhmistä mennään keskenään naimisiin?

– Italialaisten ja kreikkalaisten kanssa ei tapahdu, ei varmasti ole edes yhtä prosenttia, että ne menisivät australialaisten kanssa naimisiin. Ne menevät naimisiin keskenään. Sama on slaaveilla, saksalaisilla ja hollantilaisilla. Suomalaisista ylleensä toisen polven suomalaiset tai ne jokka on nuorina tänne tulleet, ne mennee ylleensä naimisiin australialaisten kanssa. Nuoren kansan keskuudessa se ei meinaa mittään kenen kanssa menee naimisiin, oli se kiinalainen tai joku muu.

Mustia miehiä ei ole Australiaan laskettu ja omillakin alkuasukkailla on ollut suuria vaikeuksia

---

Paitsi siirtolaisia, kuuluvat Australian väestöön myös mantereen alkuperäiset asukkaat: ihmiset joita ihonvärinsä takia on ajoittain kohdeltu hyvinkin julmasti. Heitä kutsutaan aboiksi. He ovat ihonväriltään hyvin tummia ja ovat eläneet yhteisöissään hyvin alkeellisesti valkoihoisen väestön paineen puristuksessa. Sepon isä, Leo Vauhkonen, teki töitä joittenkin alkuasukkaitten kanssa:

– Bundaberrissä oon noitten tummien kanssa ollu: kyllä niitten kanssa pärjää töissä, näitten aboridsimoitten. Ne on kovia tekkeen töitä ja niitten kansa tullee helposti toimeen. Vaikkei osata kieltä kumpikaan, niin töissä on kovia...

– Tää on kyllä iso probleema nämä alkuasukkaat, sanoo Seppo. – Ne on niin monta tuhatta vuotta asunu täällä erämaassa ja valkoinen mies, niin kuin tyypillistä on, on laiminlyöny niitä sen jälkeen kun ne on tänne tullu. Nyt vasta niitten ongelmat alkaa tulla valloon ja nyt tämä työväenpuolueen hallitus yrittää jottain tehä niille. Ne on ostanu niille muutaman ison farmin tuolta pohjoisesta ja niitä ne sitten hoitavat, tekevät taloja ja sen semmosta. Millasta niillä on ollu, näet sitten kun pohjoseen meet: keskellä erämaata on muutama tuollanen kattopellistä tehty hökkeli, maalattia, ei vessoja ei mittään ja varmasti lämpö on sisällä keskipäivällä siinä 60 astetta. Ihan surkia niitä on kattoo.

Australia on väestönsä suhteen sangen tasaista: alkuasukkaita lukuunottamatta ei maassa juuri näe ihonväriltään toisenlaisia. Alkuperäisten brittien joukkoon on tosin siirtolaisuus tuonut jonkin verran tummempaa väkeä, mutta he ovat pääasiassa eteläisestä Euroopasta – esimerkiksi aasialaisia ei Australiassa näe montakaan. Tämä on seurausta tarkoin sovelletusta siirtolaispolitiikasta. Seppo Vauhkonen katsoo asiaa näin:

– Tämä Australia on sellainen valkoisen miehen paratiisi. Tähän mennessä täällä on mustia sanotaan toistasataatuhatta kolmestatoista miljoonasta, joten täällä ei ole tuollaisia rotuongelmia. Se on siitä kun australialaiset on tähän mennessä vaan töyhinyt mustia miehiä: kun ne on pois näkyvistä niin kaikki on hyvin. Liberaalihallituksen aikana oli se White Australia -policy (Valkoisen Australian politiikka) – tänne ei mustia miehiä päästetty. Ja nyt työväenpuolue sanoo, että kuka vaan haluaa saa tulla. Mutta ne on ittensä suojannu sillä, että pittää olla ammattimiehiä ja "pittää sopeutua Australian olosuhteisiin". Se on sama asia, että mustia ei tule nyttenkään. Ainoat joita tänne tulee värillisiä, on kiinalaisia ja intialaisia, jotka on tohtoreita ja erilaisia ammattimiehiä. Värillistä kansaa ei tule enempää kuin parituhatta vuodessa, paljon on sen lisäksi opiskelijoita.

Seppo Vauhkonen on sopeutunut australialaiseen yhteiskuntaan: sen havaitsee siitäkin, että hän kärkevämmin kuin suomalaissiirtolaiset yleensä ottaa kantaa maan poliittisiin ilmiöihin. Mutta onko hän sitten enemmän australialainen kuin suomalainen?

– Sanotaan siihen tyyliin, että mulla ei ole mittään halua mennä Suomeen asumaan. Mä kävin siellä vuonna -68 ja kaikki oli niin paljon muuttunut. Enkä mä tykkää siitä elämäntyylistä Suomessa, se on liian muodollista ja kansa on melko kylmää loppujen lopuks. Nyt on kansa täälläkin tullut siihen mielipiteeseen siirtolaisista, että niin kauan kun ellää niinkun ne, niin ei haittaa vaikka on paha murros kielessä. Täällä nyt jo hyväksyttään siirtolaiset, mitä ei sanotaan kymmenen vuotta sitten ollenkaan sammaan tappaan hyväksytty...

3. Etelä-Australia

– Niinhän se oli... ensimmäinen kommentti kun miehet tuli sisään oli että WOMAN!... ja hyppi ihan tasajalkaa. Mä sanoin, että onko siinä jotain hassusti, jotain vikaa kun nainen on miesten parturina. Nämä sanoivat ettei siinä mitään vikaa ole, mutta että he eivät ole ikinä kuulleet eikä nähneet. Toiset olivat vähän epäluuloisia, toiset olivat vähän excited (jännittivät). Yks mies varsinkin oli niin että hyvä ettei lähtenyt kävelemään, varsinkin siinä vaiheessa kun mä otin ton partaveitsen käteeni... Ajatteli varmaan, että osaako se käyttää tota... Nyt on jo syntynyt sellanen kanta-asiakaspiiri, tämä parturi on ollut tässä parikymmentä vuotta ja ihmiset tulee tänne ihan riippumatta siitä, kuka tässä on.

Puhuja on Pirjo Väyrynen, parturi Adelaidessa, esikaupunkialueella. Miehensä ja lastensa kanssa hän on ollut koko ajan Adelaidessa, vaikka suunnitelmat olivatkin alussa toiset: – Meidän oli tarkoitus mennä ensin Melbourneen, mutta kun laiva tuli Adelaideen niin kuulutettiin, että kaikki skandinaavit ulos ja äkkiä...

Pirjo sanoo Australiaan lähtönsä takana olleen seikkailunhalua ja sitä, että perhe oppisi kieltä. Ja vaikka hän itse onkin sangen vaatimaton kielitaitonsa suhteen, löytyi työtä aika pian.

– Mun täytyi ensin mennä työnvälitystoimistoon ja laittaa paperit sinne ja sitten ne ilmoittavat jos alan työtä tulee, sanottiin. Ensimmäisestä työpaikasta sanottiin että ei ole pakko ottaa, että katsoa saa ensin. Alussa asuttiin pari kuukautta hostelissa, se oli ihanaa kun oli merenranta ihan siinä lähellä ja kesä kauneimmillaan ja kuuma. Eikä muuta puuhaa kuin mene rannalle ja sitten syömään, taas rantaan ja syömään. Sitten ostettiin talo, kun ensin oltiin oltu joku aika vuokralla.

Adelaide oli ensimmäisiä paikkoja Australiassa, johon tuotiin omasta halustaan lähteneitä siirtolaisia: tämä tapahtui 1800-luvun puolivälissä. Siihen mennessä asukkaita uudelle mantereelle oli tuotu väkipakolla, karkotettuina Englannista. Tietty englantilaisuus näkyy kaupungissa erityisesti rakennustyylissä, mutta se on tuntunut myös tyypillisen englantilaisena vanhoillisuutena, joka on ollut halutonta hyväksymään uusia ajatuksia ja tapoja. Kuinka nyt sitten on käynyt Pirjo Väyrysen, joka mullisti käsityksiä miesten partureitten sukupuolesta?

– Vanhoja miehiä on ehkä jäänyt pois, mutta sitten on taas nuorempia tullut tilalle. Cityssä, keskustassa, ei ole kai kuin pari paikkaa sellaista mihin pitkätukkaiset uskaltavat mennä. Niinpä esimerkiksi tuollaiset koulupojat, niillä se on itku silmässä, jos sitä tukkaa liian paljon vie, se on kauhea paikka. Ne on sitten niin häppejä (onnellisia) kun ei ota kun sen verran, mitä ne sanoo.

Kuinka kauppaan voi mennä hompsottaa papiljotit päässä, eikä lakanoita mankeloida etteivät auringonvitamiinit katoa.

Australialainen elämäntapa on sekoitusta moninaisista väestöryhmistä, jotka ovat tätä manteretta asuttaneet: alun perin englantilaiseen elämänrytmiin ovat omat hivenensä heittäneet irlantilaiset, skotit, saksalaiset, amerikkalaiset ja vuosien myötä myös Pohjoismaista tulleet yrittäjät. Siihen on vaikuttanut myös mantereen luonto, joka toisaalla on karu ja epäystävällinen, toisaalla vehreä ja hyvin hedelmällinen. Miten tätä elämäntapaa sitten vertaa suomalaiseen? Näin sanoo Pirjo Väyrynen:

– On se tavallaan toisenlaista. Minä luulen että täällä ihmiset osaavat rentoutua paljon enemmän kuin Suomessa. Ei tartte pingottaa. Ensittään tämä, että ollaan sinuja. Vaikka olis kuinkamoinen herra, niin se on vaan mister. Ja sitten, en tiedä onko se nyt niin mitenkään ihannoitava asia, että sä voit mennä hompsottaa, mutta joskus on mukava ettei tartte kattoo että onko sulla nyt sukansauma suorassa, tukka kunnossa ja joka paikka ennenkun sä astut ovesta ulos. En mä ainakaan Helsingissä voinu lähtee minnekään ettenkö mä olis kattonut peiliin, mutta täällä nyt voit mennäkin jos kiirepaikka tulee. Kauppaan jne. Täällä on aivan yleistä, että rouvat menee rullat päässä ostoksille ja...

– Niitä papiljotteja mekin katsoimme laivalla tullessamme...

– Jee, se on juuri suomalaista. Ei täällä mankeloida lakanoita, niistä

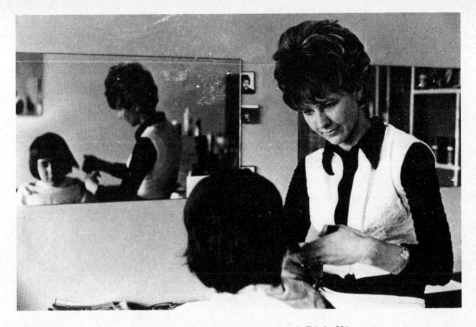

Adelaiden ensimmäinen naispuolinen miesten parturi, Pirjo Väyrynen.

muka lähtee auringon vitamiinit pois... Se tuntuu ihan mahdotto-
malta alkuun mutta siihen tottuu. Täällä on se elämäntyyli toisenlais-
ta, ihmiset ei ota turhia huolia...

Väyryset ovat kuitenkin jo suunnittelemassa lähtöä kotiin, Pirjo sa-
noo olevansa ihminen, joka ei jaksa olla kauan paikallaan ja haluaa
nähdä maita ja mantuja. Pirjon miehellä Kari Väyrysellä on kuitenkin
lähdön syitä myös australialaisten toisenlaisuudessa:
  – Kyllä me lähdetään kotiin. Täällä on elämä niin paljon toisenlaista.
Jos ottaa kaikki tommoset vakuutusyhtiöt ja kaikki niin tää on yksi-
tyisten bisneksiä kaikki. Auton vakuutukset ja kaikki ja hinnat kallis-
tuu. Niin kauan kuin ne on yksityisiä bisneksiä ne yrittää enemmän ja
enemmän saada profittia (hyötyä) ittelleen...
  – Etkö usko työväenpuolueeseen ja Whitlamiin?
  – Een. Vaikka nyt menee paremmaks kun Whitlami tuli, mutta siitä
huolimatta. Mutta sitten esimerkiksi sellainen, että ostat Advertiserin
tossa aamulla ja alat lukemaan sitä, ni sä luet kaikki saamarin hevos-
kilpailut, krikettiottelut ja tämmöset. Jos jotain muuta on jossain
tapahtunu, joku juossu kolmentuhannen maailmanennätyksen jos-

sain tai viiden tonnin, niin et sä niistä mitään tiedä – jostain Suomi-lehdestä sitten myöhemmin. Sitten taas jos joku australialainen, joku Goldia Shane, uimari, tekee maailmanennätyksen, niin kyllä ne on sitten pinnalla. Niinkun esimerkiksi olympialaiset, televisiosta ei tullut kun jotain ratsastusta ja sellaista mihin Australia otti osaa. Jossain uutislähetyksessä tuli pienenä pätkänä kymmenentonnin juoksu, viimeinen kierros kun Viren tuli maaliin ja ihmiset heilutti suuria lippuja, mutta se oli melkein ainoita. Ei mitään nyrkkeilystä, ei mitään painista, ei mitään, koska Australia ei ottanu osaa niihin...

Miten Lontoossa mietti ottaisiko piletin takaisin Härmään ja sillä sipuli

---

Kari Väyrynen on kattilahitsari ja tottui jo Suomessa ollessaan matkustelemaan työnsä takia paljon, hintaakin tuli, ettei sen puoleen. Mikä sitten sai lähtemään Australiaan?

Kari Väyrynen osoittaa vaimoaan:

– Tuollahan se syy seisoo. Eeei, se oli ihan joukki (joke - pila), en mä tiedä mikä siinä tuli. Mä olin kai siihen aikaan Tukholmassa töissä – olin jatkuvasti poissa kotoa, vaikka työnantaja oli suomalainen. Kerran mä sitten tuun himaan, niin vaimo on hakenu sellaisia kaavakkeita Australian tiedotustoimistosta ja sanoo että pitäisi täyttää ne. Mä läksin taas reissuun ja seuraavan kerran kun tulin himaan, niin Pirjo sanoo, että pitäis käydä lääkärintarkastuksessa. No hyvä, käytiin. Kolmannen kerran tämä sitten soittaa verstaalle, että ota äkkiä lopputili, pitää lähteä Australiaan. Oli se kyllä sitten Lontoon lentokentällä kun odoteltiin pakaaseja että ne tulis sieltä koneesta ja ne viipy ja viipy ja sitten odoteltiin bussia ja sekin viipy ja kaikki tuntu olevan sekaisin. Siinä vaiheessa kyllä ajatteli että otetaan tosta piletti takasin härmään ja sillä sipuli...

Kari Väyrystä ei ole matka kaduttanut, vaikka nyt jo suunnitellaankin takaisin lähtöä: hän sanoo tähän syynä olevan sen, ettei alun perin ajateltukaan jäädä loppuiäksi – silloin asennoituu toisella tavalla. Mutta syitä on muitakin. Kari ei viihdy työssään.

– Yksi syy siihen lähtöön on myös, että mä en tykkää näistä hommista täällä. Mä meen tonne hommiin, me tehdään jotain trailoja ja semitrailoja (perävaunuja) tai jotain. Yhden teen niin mä osaan seuraavan tehdä ilman piirustuksiakin, vaikka siinä joku muutos tulee niin se on niin pieni, että se ei aiheuta vaikeuksia. Mutta ei. Pollaa ei tarvi käyttää ollenkaan, on vaan yhtenä mutterina koneessa. Se kun yhden kolmasosan elämästään on työpaikalla, niin pitäs olla sellainen työ mistä tykkää kanssa. Ne ei vaadi mitään, täällä on ihan ala-arvonen ammattitaito. Sanotaan että joku sanoo itteensä ammattimieheksi, täällä luokitellaan kaiken maailman saamarin ammattimiehiksi, eikä ne osaa mutteria kääntää. Esimerkiksi ne hakee ammattimiestä tollaseen kun pistehitsariksi: tietsä, kaks peltiä laitetaan koneeseen ja jalalla painetaan. Kone tekee yksinkertaista liikettä, mutta ne kutsuu sua ammattimieheksi. Ei, kaikki tämmöset tekee mut kreisiksi. Sitten vaikka sä osaisit – niinkun Suomessa verstaalla töissä ne antaa sulle piirustukset kouraan ja sä teet sen melkein alusta loppuun ite. Mutta täällä jos sä esimerkiksi oot hitsarina ja meet jotain konetta käyttään, ne tulee heti sanoon: ehei, et sä voi tota tehdä, et sä saa koskee siihen, sä voit rikkoo sen. Toinen vielä sitten: jos sä meet näihin työpaikkoihin täällä, ne on sellaisia että niissä on metallifreimi, metallirunko ja siihen lyöty aaltopeltiä päälle ja sivulle. Ja siinä on työpaikka. Ei siinä olla ilmastointia ajateltu, siellä kato vetää joka nurkasta, ei mitään lämmityksiä. Kesällä on pirun kuuma kun lämpö on jossain 40 asteessa, jonain päivänä siellä on kun paistinuunissa ja taas talvella on kylmä...

Mitä on olla yrittäjänä Australiassa ja kuinka australialaiset syövät pihvejä aamiaiseksi

---

Kun tulee Adelaideen pohjoisesta, näkee tien vierellä kameleita. Kääntää päätä ja katsoo – kyllä ne kameleita ovat. Ne ovat jäänteitä siltä ajalta, jolloin Australian takamaastoa yritettiin valloittaa keinolla millä hyvänsä. Mantereen keskiosa on kuivaa ja vettä oli lähes mahdoton löytää: piti hankkia eläimiä, jotka pystyivät kulkemaan pitkiä matkoja juomatta, ja kamelit olivat juuri sellaisia. Vaikka janoon kuoli niitäkin, kun matkat osoittautuivat liian pitkiksi.

Adelaidessa ei paljon havaitse merkkejä takavuosien tiimellyksistä.

51

On vanhoja englantilaistyyppisiä rakennuksia, kellotorneja ja pubeja siinä kuin muuallakin. (Ja hotelli, jossa kaksi suomalaista kaljalasin ääressä vertailee Suomen presidenttejä ja päätyy Mannerheimin ylivoimaisuuteen, vaikka Paasikivi ja Kekkonen ovat olleet kovia hekin. Suomenkieliseen onnentoivotukseen poislähtiessä tulee vastaukseksi tuijotus ja vasta oven sulkeuduttua kuuluu: Perrrkele, se puhu suomea!)

Kaupungin keskustasta pohjoismainen matkaaja löytää helposti hakemansa kahvilan jonka kyltti kertoo: "Copenhagen Coffee Lounge". Ruokalista lupaa hernekeittoa ja voileipiä ja kalaa – juuri sellaista mitä pitkään australialaisia steikkejä syönyt voi tällä hetkellä kuvitella haluavansa. Eikä kestä kuin hetken, kun huomaa, että kassarouva on varmasti Suomen suunnalta. Englanti sujuu kyllä hyvin, mutta korostus ei juuri voi olla muualta kuin pohjoisesta.

Ja niinpä onkin. Kahvilan omistaa Markus Rung ja kassarouva on hänen vaimonsa Lea. Suomesta he ovat lähteneet jo vuonna 1959. "Verot olivat syynä tänne tuloon. Minulla ja liikekumppanillani oli suuri firma Helsingissä, Melva Leipomo. Meillä oli useita myymälöitä ja kaksi kahvilaa". Rung ja hänen liikekumppaninsa myivät yrityksen ja tulivat Etelä-Australiaan saatuaan tietää, että siellä ilmasto lähinnä vastasi Suomea.

Adelaidessa alettiin uudestaan leipomolla, mutta: "Me aloitimme hiukan liian aikaisin, sillä Adelaide ei ollut valmis eurooppalaisiin leipomotuotteisiin. Myimme leipomon ja liikekumppanini meni omille teilleen. Minä menin suuren täkäläisen hotelliketjun palvelukseen ensin keittiömestariksi ja sitten sain oman hotellin hoitooni Victor Harbourissa. Siellä olimme seitsemän vuotta. Hyvin kaunis paikka. Sitten muutimme jälleen Adelaideen – taas keittiömestariksi – ja sitten ostimme tämän kahvilan hyvältä ystävältämme. Minä ostin aina häneltä ostereita keittiömestarina ollessani. Minä sanoin, että jos hän joskus aikoo kahvilan myydä, ottaa ensin yhteyden minuun. OK, sanoi hän sitten, nyt on myytävänä, ostatteko? Ja me ostimme."

Kahvilan lisäksi on Rungilla nyt muutakin liiketoimintaa: hän välittää kaloja, rapuja, hummereita ja ostereita eri puolille kaupunkia. Näyttäisi siltä, että kahvila on jäänyt rouva Rungin huoleksi, kun Rungin muu liiketoiminta on lisääntynyt.

Millaista Australiassa sitten on olla pienyrittäjänä?

– Ei täällä ole mitään eroja siihen mitä pienyrittäjällä on missä hyvänsä maailmassa. Kaikkialla suuret yritykset pyrkivät valtaamaan. Ruotsissa on Konsum, Suomessa HOK ja Elanto jne. Täällä on vaikeampaa siinä mielessä, että henkilökuntaa on saatavissa vähän. Koko ajan rakennetaan uusia hotelleita, uusia ravintoloita, eikä ammattitaitoista henkilökuntaa ole riittävästi. Siinä on vaikeus. Me opetamme itse henkilökuntamme, vaikka toisaalta on niin, että meidän väkemme tekee päivässä vain 3–4 tuntia. He ovat kotirouvia, joilla on lapset koulussa aamun, eikä heillä ole mitään tekemistä kymmenen ja kolmen välissä, joten he hankkivat itselleen vähän töitä. Sen minkä he osaavat olemme me opettaneet.

Mutta vieläkään ei Markus Rung henno heittää keittiötä: hän tekee edelleenkin joka aamu kastikkeet ruokiin, niin että kahvilan tytöt ne vain sitten lämmittävät.

Kun on seurannut australialaisten ruokatottumuksia jonkin aikaa, ihmettelee miten he sopeutuvat pohjoismaisiin ruokiin. (Varsinkin pubien tiskilounaita – counter lunch – syödessä on monesti tullut mieleen sanonta englantilaisista, että he osaavat tehdä samanmakuista kaikesta mihin koskevat.)

– Kahvilan omistajina oli ennen meitä ollut vain australialaisia, sanoo Markus Rung.–Me luulimme että sen takia, kun me olemme uusaustralialaisia kahvila menisi huonommin, mutta itse asiassa se on mennyt paremmin kuin koskaan aikaisemmin. Me hankimme enemmän ruokaa, lämmintä ruokaa, jota aikaisemmin ei ollut, paistettua kalaa, paistettuja rapuja jne. Ja nyt on niin, että tätä ei saa menemään sen paremmin kuin se näissä olosuhteissa nyt toimii. Olosuhteet siis tarkoittavat, että meillä ei ole lisenssiä alkoholintarjoiluun, joten me emme pidä illalla auki. Tämä on lounaspaikka. Australialaiset syövät aamiaista kotona ja se on tukeva, siihen kuuluu kyljyksiä, pihvi tai makkara tai pekonia ja munia. Se on heidän ensimmäinen varsinainen ateriansa. Täällä sanotaan, että jos syö vankan aamiaisen, selviää illalliseen saakka. Täällä hotelleissa on valittavana joko mannermainen aamiainen tai sitten juuri tukeva australialainen. Aamutee juodaan tavallisesti toimistossa, mutta lounas syödään ulkona. Sitten iltapäivällä kolmen ja kuuden välillä eivät australialaiset syö juuri mitään. Joku yksin asuva, joka itse ei viitsi laittaa ruokaa, voi tulla silloin tänne tai joku joka on ylitöissä. Meidän liiketoimintamme perustuu juuri tuohon lounasaikaan. Kahvila alkaa olla aika tunnettu, lehdissäkin on kirjoitettu meistä useaan otteeseen.

"Uusaustralialainen" on termi, jota Rung käyttää usein. Se on käsite, jolla ehkä tahdottiin antaa siirtolaisille heidän omassa piirissään jonkinlaista identiteettiä. Samalla se oli suunnattu australialaisväestöön – yleisnimi jota saattoi käyttää jos nyt välttämättä halusi vetää eroja maanosan asukkaitten välille. Mutta hyväksyvätkö australialaiset uusaustralialaiset?

– Jos mennään taaksepäin neljätoista vuotta – silloin kun tultiin – puhuttiin paljon näistä uusaustralialaisista. Tuolloin oli tänne todellinen siirtolaisten ryntäys, heitä tuli koko ajan laivalasteittain. Siirtolaisia tuli niin paljon, että australialaiset got sick of it – saivat heistä kurkkuaan myöten täyteen. Mutta nyt vähitellen he ovat tottuneet. Sillä nyt he huomaavat, että uusaustralialaisten ansiosta on heidänkin elintasonsa parantunut. Heillä on paremmat vaatteet, paremmat huonekalut, parempaa ruokaa. Kun me tulimme tänne neljätoista vuotta sitten, olivat huonekalut hirveitä, ruoka kamalaa ja vaatteet kauheita. Ja kesti pitkään ennen kuin he alkoivat edes kokeilla meidän uutta ruokaammme ja uusia asioita, joita siirtolaisten mukana tuli. Esimerkiksi meidän ruoastamme sanottiin, että se on liian vahvaa, mutta nyt he syövät sitä kuin mitkä, se on all right.

Kuinka Suomesta kerrotaan hirveitä ja miten Adelaiden joulukuu-
sissa kynttilät sulavat kuumuudesta. Ja valittamistakin löytyy kun
sängystä pohja putoaa.

Rungit ovat Australian kansalaisia, eikä heillä ole aikomusta palata Suomeen – koti on Adelaidessa. Perustelu on vankka: "Asia on niin että tänä neljänätoista vuotena me ei olla ainakaan nuorennuttu. Jos muuttaisi takaisin Suomeen, mitä siellä tekisi? Menisi taas jollekin töihin? Se olisi samaa kuin alkaa taas alusta. Niin kauan kuin on nuori, voi aloittaa uudestaan ja uudestaan, mutta kun on yli 50 vuotta, ei sitä aloiteta niin vaan, ei yksinkertaisesti jaksa."

Australian kansalaisuuden hankkiminen edellyttää paitsi päätöstä myös sitä että on yritettävä: on hankittava kielitaito, jota kansalaisuuden saamiseen vaaditaan. Ja juuri sen takia monet suomalaiset eivät kansalaisuutta saa. Kielitunnit rankan päivän jälkeen eivät ole helpointa vapaa-ajan viettämistä. Mutta Rungit ovat käyneet prosessin läpi. Mikä sai heidät yrittämään?

– Ainoa syy minkä takia minä halusin tulla australialaiseksi oli, että saisin äänestysoikeuden, sanoo Markus Rung. – Asia on niin, että kun täällä asuu, saa täällä elantonsa ja maksaa verot ja on Suomen kansalainen, ei voi äänestää Suomessa – jaa otteella kyllä – mutta mistä sen tietää ketä äänestää, mistä on kysymys. Vaikka ei kai se niin suuria heilauttaisi, Kekkonen on presidenttinä kuitenkin.

Kun australialaisissa pubeissa ja kapakoissa kuuntelee puheita yli kaljalasien, ihmettelee kuinka vähän itse asiassa puhutaan politiikasta. Tämä huolimatta siitä, että Australia on juuri tuona aikana (keväällä 1973) kokenut jyrkimpiä muutoksiaan yli kahteen vuosikymmeneen. Joulukuussa 1972 tuli valtaan Gough Whitlamin johtama työväenpuolue, joka välittömästi ryhtyi toimeenpanemaan australialaisittain katsoen huimia muutoksia. Markus Rung on maassaoloaikansa seurannut politiikkaa ja hänellä on siitä varmat mielipiteet – ehkä seurausta äänestysoikeuden hankkimisesta.

– Neljätoista vuotta sitten asiat olivat täällä paremmin. Oli vapaampaa ja verot olivat pienemmät, mutta sitten australialaiset menivät mukaan Vietnamin sotaan ja verot nousivat kun sotahommat maksavat rahaa. Täällä ei ennen sitä ollut pakollista asepalvelua, sotaväki oli vapaaehtoinen, täällä oli ammattiarmeija. Nyt on asevelvollisuus poissa taas ja Labour on lisäksi luvannut että Vietnamista lähdetään ja palataan taas ammattilaissotaväkeen.

– Näyttääkö nyt sitten Labourin takia paremmalta?

– No ainakin tähän saakka on ollut aika hyvä. Tämän sanoo rouva Rung.

– Ei kai se niin paljolti vaikuta. Tosin liberaalit ovat enemmän liike-elämän puolella. Labour taas on sillä linjalla, että mitä enemmän ansaitsee, sitä enemmän menee veroa, siis progressiivinen verotus Skandinavian tapaan. Me äänestämme liberaaleja. Labour tietenkin yrittää, niin kuin aina aluksi, mutta katsotaan nyt seuraavat kolme vuotta. Sitä paitsi ne alkavat sotkeutua liiaksi ulkopolitiikkaan.

Suomesta keskustellaan pätkittäin: Rungit kertovat miten kodin ulkopuolella on oltava niinkuin australialaiset, mutta omassa piirissä voi elää pohjoismaalaisittain. Saunoa, syödä, ottaa ryypyn ja laulaa ruotsalaisia ja suomalaisia ryyppylauluja – niitä Markus Rung sanoo osaavansa useita. Waltzing Matildaakin lauletaan jos on paikallisia mukana.

Mutta kaipaavatko Rungit Suomeen?

– Minun käsitykseni on sellainen, että on parempi muistaa millainen Suomi oli kuin että matkustaa takaisin ja pettyä pahasti. Sen jälkeen mitä Siiri Mallat kertoi, ei minulla ole mitään halua muuttaa takaisin Helsinkiin. Hän kertoi aivan hirveitä. Ensinnäkin että huumeongelma on suuri Helsingissä ja vaikka se Australiassakin tunnetaan, on se kuulemma vielä näkyvämpi Helsingissä. Ja ovat kertoneet muutkin: Ylioppilastalon portaat ovat täynnä huumeilijoita ja sitten Asematunneli! Täällä voi kaduilla liikkua vielä aivan vapaasti, mutta meille kerrottiin että Helsingissä on aivan hirveää. (Myöhemmin meille kerrotaan kuinka juuri Suomesta tullut täti-ihminen kertoo venäläisiä olevan kadut täynnä, kuinka he naivat suomalaisia tyttöjä ja kuinka suomalaiset talonpojat joutuvat lähtemään Siperiaa viljelemään.)

– Joulua on kaikkein eniten ikävä, sanoo rouva Rung. Joulu on täällä sitä, että pitää olla paljon aurinkoa ja paljon olutta. Laittaa joulukuuseen kynttilät, niin ne sulavat kun on niin kuuma. Täällä on joulu sellainen karnevaali, kaikki hotellit ovat täynnä joulupäivänä, kaikilla on hassuja hattuja ja serpentiinejä... niinkuin meillä uutena vuotena.

– Jouluaatto ei ole täällä mitään, jatkaa Lea Rung. Joulupäivä on tärkein, joulupäivällinen puolen päivän jälkeen. Suurin osa tapahtuu hotelleissa, ei joulu ole täällä perhejuhla. Kotona jaetaan joululahjat joulupäivän aamuna ja sitten loppu on hotelleja. Ravintolat on buukattu tupaten täyteen. Ja jo nyt, huhtikuussa, on tilattu paikkoja ravintoloista ensi jouluksi. Joulu ei ole idylliä niin kuin Suomessa ja Skandinaviassa, täällä ryypätään ja rillutellaan.

Kun suomalaisilta Australiassa kysyy, mitä valittamista maassa on, saa harvoin kunnollista vastausta. Säätä valitetaan joskus, samoin ympäristöä, jos satutaan asumaan karummilla seuduilla. Tavallisessa keskustelussa saattaa valittamisen aiheita tulla useitakin, mutta kun niitä ryhdytään vasiten miettimään, ei yhtäkkiä löydykään vastausta. Ehkä epäkohdat ovat niin lähellä, ettei niitä huomaa tai sitten ulkopuoliselle ei haluta valittaa, ettei annettaisi huonoa kuvaa. Rungin vastaus kysymykseen "mitä valittamista" on hyvin kuvaava:

– Riippuu kustakin itsestään. Ihmiset täällä ovat pinnallisesti hyvin ystävällisiä, mutta on vaikea saada todella hyviä ystäviä australialaisista. Australialaisten asennoitumiseen kuuluu, että jos tapaa jonkun, sanotaan: Minä asun siellä ja siellä, mikset tule joskus käymään? On paras olla menemättä. Jos menee, he tuijottavat ulos, sillä sitä ei varsinaisesti tarkoiteta, kutsu on vain fraasi. Alussa varsinkin sitä on vaikea tietää. ... Mutta mitä täällä nyt osaisi valittaa...? No, julkista liikennettä pitäisi parantaa, linja-autoyhteydet ovat todella huonot. Se johtuu siitä, että jokaisella odotetaan olevan oma auto. Ellei ole, hukassa on. Meillä oli epäonnea alussa, mutta se oli meidän oma vikamme, ei siitäkään oikein voi valittaa. Me kiirehdimme liikaa uuden leipomon kanssa ja silloin se oli liian aikaista täkäläisiin oloihin. Huono ruokaleipä täällä on ja huonoja leivonnaisia, ne eivät kostuta kaakkujaan ja leivokset ovat hyvin yksinkertaisia. Henkilökohtaisesti en kuitenkaan voi valittaa. On pikkuasioita, mutta niitä on kaikkialla. Täällä on sellainen asenne, että she's all right mate – kaikki järjestyy. Eli että ellei tänään, niin huomenna.

Vaimo on täsmällisempi:

– Esimerkiksi jos ostaa jotakin, on siinä aina jotakin vikaa. Niin kuin alussa, mitäs me ostimmekaan – juu sängyn. Ostettiin sänky ja pohja putosi. Sama asia kun ostettiin sähkölämmittäjä. Työnnettiin kosketin seinään niin BANG! Australialaisten tuotteiden laatu ei ole ihan ajan tasalla. ... ja jos haluaa jotain saada korjattua ja soittaa ja pyytää korjausmiehiä tulemaan, he voivat sanoa tulevansa tunnin päästä tai huomenna, mutta tulevatkin seuraavalla viikolla...

Ja mies vielä: – On tietenkin pikkuasioita, joista voi valittaa, niin kuin vaikka sitä että kun menee elokuviin, se on aina neljä tuntia, kaksi filmiä kerralla. Mutta tämä on kokonainen maanosa, ei sitä voi istua ja ruotia, että näin oli Suomessa ja näin ja näin...

4. Suomalaisten Mount Isa

Mount Isa alkaa näkyä kauaksi savupiippuina. Sitten nousevat esiin kaivosrakennukset ja vähitellen tulevat myös talot näkyviin. Ympäristö on karua, kituliasta puuta ja kuivaa maata, jossa ei paljon näytä ruoho kasvavan.

Mount Isa on paljolti sellainen kuin odottaakin. Se on kaivoskaupunki – yksi Australian rikkaimmista. Keskellä kovaa ympäristöä, joka heijastuu rakennuksiin ja ihmisiin. Paikassa on jonkinlaista villin lännen henkeä, sellaisena kuin sitä on elokuvissa nähnyt. Valjakkojen vetämien postivaunujen voisi vieläkin olettaa pyyhältävän kulman takaa, hevoset, vaunut ja matkustajat yltäpäältä pölyssä, jota ympäröivillä teillä toki on.

Mutta postivaunujen aika on ohi, eivätkä saluunanovetkaan heilahtele. Mount Isaan voidaan nyt lentääkin, jos rahat riittävät Australian sisäisten lentojen taksoja maksamaan. Isa-hotellissa pelataan biljardia ja juodaan kylmää olutta ja hienommalla puolella on kalustus tyylikästä ja tunnelma hillitty ainakin iltapäivisin. Ei mitään saluunatunnelmaa tänne puolelle, ei.

Kaikki Australian kanssa tekemisissä olevat suomalaiset tuntevat Mount Isan – tai Aisan kuten sitä normaalissa puheessa kutsutaan. Se on kaupunki, jossa suomalaisten maine on kova, ja jossa suomalaisia on suhteellisesti enemmän kuin muualla Australiassa. Aisa on suomalaisille kovan rahan, kovan työn ja kovan ryyppäämisenkin paikka. Täältä lienee saanut alkunsa määritelmä suomalaisista, määritelmä joka tunnetaan ympäri koko mannerta: Suomalainen on kova työmies ja kova ryyppäämään.

Ja suomalaisia on Aisassa ollut kauan. Eräs näistä pitkään kaupungissa olleista on Armas Alanen, kaivostyöläinen toisesta maailmansodasta lähtien ja nyt eläkeläinen.

Armas Alanen tuli Australiaan jo vuonna 1928. Lähdössä ei ollut mitään erityistä päämäärää. Täällä oli veli ja Armas lähti hänen jälkeensä: seikkailunhalua se vaan oli.

– Laivalla täyty tulla, piti maksaa kyyti ja sitten piti olla neljäkymmentä silloista puntaa maihinnousurahaksi, jonka sitten kun astu maihin sai pois. Sen tarkotus oli että sulla oli vähän rahaa ku sä astuit maihin, jottet ole aivan poikki.

Armas Alanen oli tullessaan 23-vuotias, nuori mies, kotoisin Kauhavalta. Pohjalainen murre tuntuu puheessa vieläkin.

– Ensimmäiseks oli työnhaku kaikkein tärkein. Mulla oli onni että mä pääsin keininhakkuuseen, joka oli kaikkein parahia työaloja sillon. Minä rupesin keininhakkuulle ja hakkasin viistoista vuotta.

Keinin – sokeriruo'on – hakkuulla aloittivat useat tuohon aikaan. Queenslandin sokeriruokoalueilla oli monia suomalaisia, jotka myöhemmin saivat huomattavaakin varallisuutta farmeillaan. Mutta hakkaajille työ oli kovaa eikä sitä ollut kuin osaksi vuotta.

– Minä olin puskassa tuolla kaivamassa metalleja, sanoo Armas Alanen. Sitä minä tein paljon väliaikoina. Kun olin keininhakkuun lopettanut niin ei ollu puoleen vuoteen töitä, sai viettää aikansa miten halus. Minä menin sitten puskaan ja varsinkin kaivelin tinaa. Se oli täällä hyvissä hinnoissa silloin. Pesin creekin (joen uoma) varsilla ja semmosissa ja kyllä sitä aina sen verran löyty, jotta hengissä pysy, mutten minä mitään rikkauksia sillä teheny. Kyllä minä oon kultaakin yrittäny kaivaa, mutta sitä ei löytyny. Se on niin vaikeata löytää... mitä muutaman pikkumurusen löysi Cairnsin lähellä. Mutta huomasin ettei se kannata.

– Myöhemmin olin tupakkafarmilla töissä. Niillä oli aina sesonki sillon, kun meillä oli vapaata keininhakkuusta, jolloin menimme väliajaksi sinne töihin. Ei siinä aluksi suomalaiset onnistunu ollenkaan, mutta sitten ne laitto vesijärjestelmän sinne ja sitten se rupes onnistuun. Ne jotka ei onnistunut, ne jätti farminsa ja lähti, tuli tänne Mount Asaankin.

Toinen maailmansota ratkaisi Armas Alasen sijoittumisen Australiassa.

– Sitten alko tämä toinen maailmansota. Minä en ollu Australian kansalainen sillon, niin ne pirätti meirät tuolla pohjosessa – minä olin sillon Maribassa. Meirät vietiin vankilaan sitten, koska me olimme vihollismaalaisia. Suomi oli ryssän kanssa sorassa ja me olimme sen takia Australian vihollisia. Onneksi meillä kuitenkin oli semmonen tuuri, että suomalaisia oli Mount Isassa paljon sillon, nin se Mount Isan maini valitti että suomalaisia pitää ottaa töihin, kun ei ollut työmiehiä. No ne päästivät meirät vapaaksi ja lähettivät Mount Isaan. Kahreksan kuukautta minä olin ollut vankilassa. Jotkut olivat vähän enemmän, jotkut vähemmän.

– No millaista vankilassa oli?

– Sielä oli hyvä. Ei tarvinnu tehä mittää ja sai istua valmiiseen katettuun pöytään!

Mount Isa oli pieni paikka sodan aikoina, asukkaita oli muutama tuhat. Nyt se on kasvanut niin, että asukkaita on lähes kymmenen kertaa enemmän ja asukkaille on tarjolla kaikki samat palvelukset kuin muissakin Australian kaupungeissa. On tavarataloja, on supermarketteja, pankkeja useampiakin ja hotelleita, jotka tarjoavat vaikka Finlandia-vodkaa, jos sattuisi suomalainen sillä päällä olemaan. Alasen tullessa oli vaatimatonta:

– No hiljaista se oli, tämä oli pieni paikka sillon. Ei ollu kuparia mainattu ollenkaan, kun lyijyä ainoastaan. Mutta ne tiesi että kuparia oli ja sitten tämä muutettiin kuparintuotantoon tykkänään, kun kuparista oli niin kova puute. Asumiseen täällä ei ollu juuri muuta kun sellasia yksinkertaisia rakennuksia. Varsinkin poikamiehille oli sellaset parakit, doomitoreiksi ne sano silloin. Naimisissa oleville oli asunnon saaminen vähän vaikeampaa. Täällä oli sitten semmonen, jota ne sano telttakaupungiksi. Ne oli puoleksi telttoja ja puoleksi puusta tehtyjä – ne oli naimisissa oleville. Niis oli hyvä olla, juu. Niissä oli kaksi petiruumaa ja sitten iso keittiö.

– Millaista palkkaa ne maksoi silloin?

– No palkka ei ollut paljon mitään. Ja se oli sirottu sitten niin, että se ei päässy nouseen eikä laskeen, se oli soran takia. Ja sitten kukaan ei saanu lähtee pois töistä, kaikkein piti olla siälä mihenkä joutu. Viikossa tehtiin 48 tuntia. Minä olin meltterillä – sulattamossa – koko ajan. Työmenetelmät ei oo muuten muuttuneet ko viikko on lyhentynyt. Nysse on vaan 40 tuntia viikko.

– Entäs sitten sen 48 tunnin ulkopuolella, mitä täällä tehtiin?

– Riippuen vähän siitä mitä kukin teki.

– Mitäs te teitte?

– Minä kävin kapakassa ottamassa ryyppyjä, hehee. Kalja on ollu yhtä hyvää aina.

– Mitenkä suomalaisiin suhtauduttiin?

– Alkuaikoina sillon kun minä tulin, ne oli aika vihamielisiä, australialaiset. Ne kollas meitä mustiksi sen takia, kun me ei osattu englantia. Ei ne näyttäny sitä paljon, ne vaan välissä puhu ja sillä lailla.

Nyt Armas Alanen on eläkeläinen. Istuu talossaan keinustuolissa ja polttelee piippua. Mutta millaista on olla eläkeläisenä Mount Isassa?

– Huonoa se on. Eläkettä ei oo tarpeeksi paljon, jotta sillä pystyisi elään. Mutta sitten joka on mainissa töissä ne saa semmosen lisärahan. Me maksamme sitä sillon kun oomme töissä ja sitten saamme sitä mukaa kauanko oomme ollu ja paljonko maksanu. Kun sitä oot kolmekymmentäkin vuotta maksanu, voit saada toistakymmentätuhatta dollaria.

Armas Alaseen ovat kuitenkin vuodet iskeneet ankarasti, hän yskii pahasti ja liikkuminen on vaikeaa, kun koko oikea puoli on halvaantunut.

– Se johtuu vissiin verenpaineesta, hän sanoo. Mutta:

– Minä sain lyijymyrkytyksen myöskin ja olisin saanut toisen jopin, pois sieltä meltteriltä. Olin puutarhahommissa kauan aikaa. Ne vaan väittää että se parani, otti kokeita ainakin vuoden verran. Mutta en minä usko että se on parantunut ollenkaan, vaikka lääkärit niin sanoo. Minä luulen että tämäkin halvaus johtuu siitä. Ne sanoo että kun on lyijyn kanssa tekemisissä kauan, se menee luihin. Sen on lääkärit todennu, mutta ei ne todista että mä oon sitä saanu. Tää maini on niin otettu siitä että sitä ei saa panna mainin syyksi, että minä oon mainista sen saanu. Minä olin yhdeksän vuotta siellä meltterissä, mulla oli semmonen jopi, että otin sitä lyijyä ulos. Siitä tulee kauhiat kaasut kun sitä sulaa lyijyä tulee. Sieltä nousee se kaasu aina. Piti siinä olla suun eessä lappu, mutta eihän se pysyny aina...

– Maksaako maini nyt mitään tästä sairaudesta?

– Ei maksa mitään.

– Mutta jos pystyisi todistamaan, että halvaus johtuu lyijystä...?

– Joo mutten mä pysty. Ei kukaan lääkäri todista sitä. Ne sanoo vaan ettei se johdu siitä, että se on vaan verenpaineesta johtuva halvaus...

Maini on työnantajana kuin hyvä äiti tuhlaajapojalle – mutta edes kuningatarta ei kaivoskuiluun päästetä

Teuvo Hämäläinen on iso mies, mittaa on lähelle kahta metriä. Hän on kaivostyöläisenä Mount Isan mainissa, kuten täällä olevista suo-

Mount Isan keskustaa ja virvoituksen lähde Mount Isa Hotel, josta löytyy myös Mannerheimin linja.

Suomalaisia mainareita Mount Isan kaivoskuilussa.

malaisista useimmat. Teuvo kun järjestää barbecuet talonsa piha-maalla, ovat pihvit miehen mukaisia, tuskin lautaselle mahtuvat. Nauhalla on suomalaista musiikkia, tangoja paljon, ja suomalaisten kirjojen varasto lienee yksi suurimpia Australian suomalaisten keskuudessa.

Teuvo Hämäläinen puhuu asiaa, ja puheesta kuulee, että hän on ottanut asioista selvää ja sitten muodostanut niihin kantansa. Kuten nyt esimerkiksi Australiaan lähdön syistä:

– Vika oli Suomen valtiossa ja minussa itsessäni. Valtiossa oli se vika, että oli korkea verotus ja minussa oli se vika, että minä halusin tehdä paljon töitä, pitkää päivää, hankkia rahaa. Mutta vastaavaa tulosta ei ollut siitä työnteosta, koska jäljelle jäi sitten sanotaan 60 prosenttia. Kun kuustoista tuntia teet päivässä töitä, niin se ei oikein miellytä sillon. Olis tehny kahdeksan tuntia päivässä töitä, olis ehkä jäänyt 75 prosenttia jäljelle. Mutta kun teet kuustoista tuntia, niin sä häviät siinä sitten.

– Oletkos täällä välttänyt verotuksen ja saanut tehdä töitä?

– Oon välttäny korkean verotuksen. Työn laatu on muuttunut, mutta suhteessa on kaikin puolin parempaan päin. Minulla on helpompi työ, lyhyempi työaika, korkeampi palkka ja verotus on helpompi. Minä pystyn sen saman palkan saamaan kahdeksassa tunnissa minkä sain kuudessatoista tunnissa.

– Jossainhan se tuntuu...

– Mount Isa on kallis paikka, se on yksi kalliimpia paikkoja, koska tämä on eristetty, tuhat kilometriä rannikolta erämaan keskellä. Mutta loppujen lopuksi elintarvikkeet on suurin piirtein samoissa hinnoissa, kun on Helsingissä – mitä olen lehdistä seurannut. Siinä suhteessa ollaan fiftyfifty.

Maini näkyy joka puolelle kaupunkia, siitä ei voi välttyä. Se on kuin kulttuuripalatsi Varsovassa tai Näsinneula Tampereella. Ja se levittäytyy joka puolelle. Itse kaivosalue on hyvin laaja ja uusia louhoksia on tekeillä. Saman tien mennään syvempään. Nyt ulottuvat hissikuilut jo paikoitellen kilometrin alaspäin.

Kaivosmiehet ovat tarkkoja vierailijoitten suhteen: kun ajetaan alhaalla pitkin käytäviä, joihin hyvin mahtuu ison maantiekarhun kokoinen porakone, on koko ajan käytettävä kypärää, raskaita kenkiä ja turvalaseja. Varsinaisilla porakoneitten kanssa työskentelevillä on oltava korvasuojukset – ja syystäkin, jyrinä on alhaalla rankka. Tielle sattuvat suojalasittomat työläiset saavat komennon ottaa lasit päälle, kaivos ei halua antaa kuvaa, että turvallisuudesta tingittäisiin. Ja kaivoksen turvatoimia toki sanotaan parhaiksi Australiassa.

Liekö turvatoimi sekin, että naisia ei päästetä alas kaivokseen. Edes Englannin kuningatarta ei laskettu kaivoskuiluun – selityksenä on että naiset alhaalla tuovat huonoa onnea.

Teuvo Hämäläinen on tarkkaan selvillä siitä millainen työnantaja maini on ja mitä se tarjoaa:

– Maini on työnantajana niin kuin hyvä äiti tuhlaajapojalle. Se tarkoittaa sitä, että sinä saat siellä törttöillä niin kuin suomeksi sanotaan. Ne katsoo paljon sormien läpi. Mutta sinun täytyy välillä yrittää olla hyväkin mies niin ne antaa anteeksi entiset törttöilyt. Työnantajana se on paras mitä minulla on koskaan ollut.

– Mitkä sitten ovat sosiaaliset edut?

– No eläkkeen saa. Sitten minä päivänä tahansa kun on vuoden ollut kaivoksen paleluksessa, saa niin sanotun super annuationin, se on työläisen henkilökohtainen vakuutus. Kaivosyhtiö maksaa puolet siitä vakuutusmaksusta ja itse joutuu maksamaan toiset puolet. Kun on vuoden palvellut komppaniaa ja kuolee, niin perilliset saa korvauksen – minun kohdaltani se on 14 000 dollaria (n. 80 000 markkaa). Kuolen minä tai tapan itteni se on sama juttu – aina kun vainaja tulee niin asia on sama. 60-vuotiaana on eläkeikä, silloin mä saan sen rahan ja se on indeksiin sidottu, että se on nykyrahaa aina. Lomaa meillä on neljä viikkoa kaksi päivää, lisäksi muutama palkallinen vapaapäivä.

– Entä jos tulet sairaaksi. Kuka maksaa kulut ja saatko palkkaa siltä ajalta?

– Itse joutuu maksamaan. Queenslandissä on virallisesti ilmainen sairaalahoito, mutta siihen ei kannata liiemmälti luottaa. Tietysti jos on joku pieni juttu niin se on all right, ne hoitaa sen ilman muuta. Mutta yleensä joutuu kaikesta sairastamisesta maksamaan itse ja komppanian taholta meillä on ainoastaan kahdeksan sairaspäivää vuodessa palkallista ja loput saa korvata miten itse pystyy. Sairastaminen on kallista. Jos joudut leikkauksiin ja muihin, niin voi sanoa että se on ehkä jotakin 200–300 markkaa päivä Suomen rahassa. Sen joutuu itse maksamaan, jos ei ole mitä sanotaan nimellä medical benefit eli täysi sairaalavakuutus. Se ei anna mitenkään palkkaa, mutta korvaa kuitenkin kaikki sairaala- ja lääkärinlaskut. Tätä vakuutusta maksetaan itse.

– Entä jos sitten työssä katkaisee käden ja joutuu kolmeksi viikoksi sairaalaan? Yhtiö siis maksaa vain kahdeksalta päivältä?

– Se kahdeksan päivää on palkallista. Mutta minä oon voinut käyttää ne niin ettei minulla ole yhtään sairaspäivää enää sisässä ja jos minulta sitten katkeaa käsi niin se on omalla kustannuksella. Jos ei sitä medical benefitiä ole. Mutta jos minä katkasen työssä käden niin Australian valtio antaa meille sillon tavallisen normaali pohjapalkan, joka on tavallaan työttömyyskorvaus.

– Entäs työpaikkasairaudet?

– Korvavioista ja sellaisista ei vastaa muuta kuin oma hyvä tuuri. Niitä sattuu. Ja jokaisella, joka on työskennellyt viisi vuotta tai sitä enemmän kaivoksessa, on enemmän tai vähemmän vikaa keuhkoissa. Ei se mitään keuhkotautia ole, mutta siellä on pölyä ja sen semmoista.

– Korvaako komppania jos saa jonkun vakavamman keuhkosairauden?

– Jee, mutta ainoastaan oikeusteitse. Ja oikeuden kautta kun rupee yrittämään niin saattaa käydä että se tulee maksamaan niin paljon että kun sä saat sitten korvauksen, korvausrahaa ei tule tarpeeksi että maksaisit ne oikeuskulut. Käytännössä se on yhtä tyhjän kanssa.

Ammattiyhdistysliikkeestä ei hyvää sanaa, mutta työntekijöitten ja työnantajan väliset suhteet hyvät. Suomalaisten mainetta veivät räyhääjät

---

Teuvo Hämäläinen on ollut Suomessa mukana ammattiyhdistysliikkeessä ja on ilmeisen tietoinen siitä, mihin kuuluu ja mitä hänen etunsa vaativat Australiassakin. Mutta korkeata mainesanaa ei Australian ammattiyhdistysliike häneltä saa:

– Minun silmissäni ammattiyhdistysliike täällä on yhtä tyhjän kanssa. Tuntuu monta kertaa, että se on enemmän työnantajan kuin työläisen ammattiyhdistys. Mutta täällä on elämäntyyli kokonaan toinen, näitä ei voi verrata samana päivänä, työmarkkinapolitiikan kannalta eikä mitenkään muutenkaan keskenään. Suomi ja Australia on kaks eri asiaa. Elämäntapa on kanssa niin moniselitteinen juttu, mutta minusta tuntuu, että me työväestö olemme liian välinpitämättömiä. Meillä on omat harrastuksemme, jotka kiinnostaa meitä enemmän kuin työpaikkapolitiikka ja joku sellainen. Me saadaan se toimeentulo ilman rähinöitäkin jotenkin. Ehkä me saataisiin se pikkasen parempaan suuntaan, ehkä menetettäisiinkin jotain. Mutta kun tarpeeksi hyvän toimeentulon saa näinkin, niin kukaan ei ole kiinnostunut sitten suuremmasti.

Millaiset ovat työntekijöitten ja työnantajan väliset suhteet?

– Täytyy sanoa, että ne ovat kiitettävän hyvät. On tietenkin henkilökohtaisia tapauksia siten, että joku ei tykkää pomostaan ja joku pomo ei tykkää sinusta. Mutta yleensä ne ovat hyvät. Eikä mitenkään paineta päälle ketään ja työn tahti on tämän automatisaation takia työläiselle nyt all right.

Mount Isa on paikka, jossa suomalaisten läsnäolon huomaa. Kaupasta voi ostaa lenkkimakkaraa suomeksi ja Ahti-perhesilliä. Hotellista saa huurteisesta pullosta paukun Finlandia-vodkaa ja hotellissa on myös suomalaisten oma ryhmittymä – Mannerheimin linja. Se on tiski, jonka ympärille kokoontuu pääasiassa suomalaisia. Suomalaisten voima tuntuu konkreettisesti varsinkin keväisin, jolloin urheilukentällä vedetään köyttä. Kolmeenkymmeneen vuoteen ei kaupungista ole löytynyt joukkuetta, joka olisi päihittänyt suomalaiset. Kaupungin asujaimistosta he muodostavat viitisen prosenttia, mutta maine on sitä kovempi:

– Suomalaisten asema on aina ollut hyvä, koska voi sanoa että suomalaiset ovat olleet tämän kaupungin runko aina. Koskaan kaivosyhtiö ei olisi päässyt tuohon miljoonakukoistukseensa, mikä niillä nyt on – ainoastaan suomalaiset kovat miehet ovat sen tehneet. Mutta kolme, neljä vuotta sitten tuli Suomesta sellaista huonoa ainesta. Kai liian varakkaista perheistä lähteneitä lapsia, jotka ei olleet tottuneita työntekoon. Heillä oli sellaisia kevyitä elämäntyylejä liian paljon ja siitä aiheutui koko suomalaisväestölle paljon vaikeuksia, heidän touhuistaan. Monet oli kokonaan työhön kykenemättömiä, eivät pystyneet minkään vertaa työsuorituksiin, mutta kykenivät kyllä räyhäämään tuolla kaupungilla niin että suomalaiset joutuivat huonoon huutoon. Suomalaiset eivät ole nytkään parhaita niinkun ne on olleet joskus kymmenen vuotta sitten Aisan mainissa, mutta on niitten arvovalta jo jonkin verran palannut.

Entä sitten suomalaiset keskenään?

– Ensimmäisellä kertaa kun minä tulin Australiaan vuonna -66, niin sillä reissulla minä olin täällä 15 kuukautta. Mutta minä sillon kerkesin olla täällä Mount Isassa Suomi-seuran puheenjohtajana ja tulin huomaamaan, että suomalaisten kesken on hyvin vaikea tulla toimeen. Kaksi ihmistä kun juttelee, niin sillon ei tule mitään ongelmia, mutta jos tulee kolmas mukaan niin silloin se menee riidaksi. Se on suorasti sanottu ja se pitää paikkansa kaikissa suomalaisten toiminnoissa. Vaikka ei ainoastaan suomalaisten, se pätee muunmaalaisiin yhtä hyvin.

– Mistä se johtuu?

– Suurin syy on ehkä kateus. Kateutta on sitäkin monenlaista, mutta täällä on varsinkin taloudellista kateutta. Jos sinä jossain yrität menestyä, niin kyllä sinut toisessa kohdassa yritetään painaa matalaksi. Hyvä yrityskin tuomitaan jo ennen alkuun lähtöä.

– Eivätkö suomalaiset sitten vedä yhtä köyttä?

– Köydenvedossa. Siinä ne vetää yhtä köyttä. Se on ainut. Se on kerran vuodessa ja sillon on kyllä kovia hakoja...

– Entäs ulkopuolisia kohtaan?

– Jee, jos tulis oikein tosipaikka, että tarvittas luokkahenkeä, niinkun sanotaan. Jos ajatellaan että jotain pientä suomalaisryhmää aletaan ulkopuolisten taholta sortaa niin kyllä suomalaiset silloin yhtyisivät. Hädän paikalla. Hädän tullen yhtyvät kyllä kaikki suomalaiset, mutta näin niinkun rauhallisissa oloissa riidellään...

Mitä meinaa kun tapahtuu äksidentti ja bonetti menee rikki ja kuinka suklaastakin tulee hankaluuksia kun kieltä ei taida

---

"...Kyllä mä fiilaan niin sori jokaista kun tulee tänne eikä puhu kieltä. Minä olin ottanu sen sillä tavalla, että minä en henkilökohtaisesti siitä niin paljon kärsiny, kun mä ajattelin että kunnen mä puhu niin mun täytys oppia. Tuli sellaisia kausia, että mä en halunnu lukee mitään muuta kun suomalaisia lehtiä. Ja toisen kerran minä sanakirjan kanssa saatoin yrittää lukea lehteä, mutta kun tässä meidän sanakirjassa ei ole kaikkia sanoja mitä nyt lehdestäkin luet, niin se vie sinut aivan mettään. Esimerkiksi semmonen juttu, että mä luin lehdestä, että äksidentti (onnettomuus) on tapahtunu, autot ajanu yhteen ja oli

70

mennyt bonetti rikki. Minä katon sitten sanakirjasta, mikä on bonetti. Hyvänen aika, siinä sanotaan että se on naisen hattu! Minä hermostuin ja pistin kirjan kiinni ja taas meni monta päivää ennenkuin taas jaksoin alkaa. Että millä tästä pääsee ikinä oppimaan. Sitten mä siltä naapuriltani kysyin, että mitä tarkottaa semmonen bonetti. Joo, se sano, se on auton konepelti. Mutta ihan tommosesta pienestä jutusta saattaa hermostua, kun sä yrität saada selville, etkä sanakirjan avulla pysty ottamaan sillä lailla selvää. Monella sanalla täällä on niin monta suomalaista miininkiä (merkitystä): yks sana niin siinä on pitkä juttu mitä se tarkottaa, mitenkä päin sitä käytät jossain lauseessa – se muuttaa asian toiseks monta kertaa, niin että meinas roput palaa...”

Helmi Humalisto on iloinen ihminen, tullut Australiaan Lahdesta. Hän on emäntänä Mount Isan Finnish Style Cafessa eli tuttujen kesken Suomi-kuppilassa. Levysoittimesta nurkassa saa tangoa ja ruokalistalla on lihapullia ja maksalaatikkoa.

Helmi Humalisto on niitä, jotka Australiaan tullessaan eivät osanneet englantia. Mutta hän on myös niitä, jotka yrittämällä ovat pyrkineet kielivaikeudet ylittämään.

– Mä olin niin kovasti laki (lucky – onnekas), että ne hollantilaiset, joitten naapurissa oltiin, niin niitten misis (rouva) opetti. Opetti monta kertaa liiankin paljon. Se tykkäs ettei suomalaisia sais käydä niin paljon kylässä, ettet sä ikinä opi sillä tavalla englantia. Se oli kyllä oikein, mutta joskus kaipas sitä suomen kieltä oikein kovasti. Se misis tuli joka ainoa päivä meille ja jos sen mies oli afternuuntuurilla (iltapäivävuoro), niin se halus että me mennään sinne haussiin (taloon), kun karaasissa (autotalli) asuttiin... Niin mukavia ne oli siitä, kun meillä ei ollut autoo siihen aikaan niin joka ikinen weekwndi (viikonloppu), jos miehellä oli aikaa, ne vei meitä pitkin puskaa ja näytti sitä ja näytti tätä...

Näyttämistä oli Helmille aluksi ostostentekokin.

– Jee-eh. Ja käytin selfsöövisstooria (itsepalvelumyymälää), niistä sai ostettua. Välillä ostin hullusti, välillä onnistuin. Saatoin ostaa ihan sellaista tavaraa, mistä sitten en tiennyt miten sen käytän. Osasin purkin kyljestä yhden sanan lukea ja se olikin ihan toista sitten koko homma. Esimerkiksi minun teki mieli sieniä ja katsoin sitten sanakirjasta että se on mushroom, ool rait. Menin ja löysin sellaisen purkin, mutta se oli jossain voisoossissa ja kerran haistoin ja heitin pois. Sitten kerran piti lakritsaa ostaa mutta kaupassa ei ymmärretä. Sitten ymmärsin jonkun kuoresta että siinä luki suklaa. No, ostin sen ja minä ja Anne mennään kotia ja syödään yhdessä se. Sen tietää sitten mitä yöllä alko tapahtua, kun lääkkeet oli ruvennu vaikuttamaan. Täyty nostaa tyttö sängystä pois ja saman tien minä huomaan itte, että vessaan pitää mennä kauheeta vauhtia. Se oli nimittäin ollut sellasta suklaata, jota käytetään kun vatsa on kovalla. Se taatusti pistää sun juoksemaan toiletissa.

Mistä muuten johtuu että täällä niin monet suomalaiset eivät puhu englantia?

– Ne eivät opi kun ne eivät yritä. Minä en ole eilennä syntynyt ja kieli on kankea, mutta silti. Sinun pittää yrittää edes. Jos sinä koko ajan pelkäät niin, ettet uskalla naapurin kanssa jutella niin ei se ole mukavaa. Ei saa olla liian arka niin että menisi kiireesti sisälle, jos näkee naapurin ulkona. Parempi se on mennä ulos juttelemaan naapurin kanssa, vaikka ei paljon osaisikaan. Ja minun mielestä ainakin australialaiset on ystävällistä väkeä, tuntuu joskus, että liiankin ystävällistä että siinä on sellaista kiiltopintaa päällä...

Helmille kuten monelle muulle suomalaiselle on ehkä juuri kovan yrittämisen takia käynyt niin, että omassa kielessä vilahtelee runsaasti englannin sanoja. Tähän on osittain syynä sekin, että lapset ovat oppineet vierasta kieltä helpommin ja käyttävät sitä myös kotona. Monesti jopa mieluummin kuin alkuperäistä äidinkieltään. Ja Helmi Humalistolla näitä vieraan kielen puhujia on useampiakin: yksi lapsista oli aiheuttamassa hankaluuksia Australiaan lähtöönkin:

– No siinä oli sellanen että meillä oli kaikki paperit jo kirjoitettu ja kaikki, kun minä sitten rupesin varttumaan vauvaa. Jaska tykkäs että ei sitä nyt voikaan lähteä, mutta minä sanon että kyllä nyt mennään, että ei ne oo suutareiks jääny ne vauvat varmaan sielläkään...

Eikä jäänyt, syntyi Liisa. Ja sen jälkeen vielä Stephen. Heistä kaikista tuli kenguruita – Australian kansalaisia – saman tien. Mutta se on aiheuttanut myös kieliongelmia perheessä:

– Sen kielen kanssa on sellasta kun lapset puhuu englantia ja minä puhun suomea, mutta me ymmärretään kyllä. Mutta kaikenlaisia juttuja siitä tulee. Yhtenä aamuna Anne tuli niin iloisena, että hän on keittänyt teille pornokahvia. No, me herättiin kiireesti kattomaan ja naurettiin kauheesti ja Anne hermostu, että mikä nyt meni vikaan. Porokahvi ja pornokahvi ne on niin lähellä toisiaan, että tyttö oli sekottanut. Hyvää kahvia se oli ja monta kertaa on keitetty pornokahvia sen jälkeen. Annelle kävi sellanenkin, että se oli tarjoilemassa täällä kahvilassa kun siihen tuli joku mies, suomalainen, ja kysy käymälää. Anne vastas siihen hyvin totisena, että hän luulee ettei sitä ole koko Aisassa – luuli että se on jonkun miehen nimi... Siinä oli toinen tyttö, joka sitten tönäs Annee että sehän kysyy vessaa...

Miten lapsilta vähitellen suomen kielen taito katoaa ja kuinka Suomesta jouluna haluaisi muutakin kuin joulupukin kuvaa

---

Monessa pitempään Australiassa olleessa suomalaisperheessä on jo käynyt niin, että kunnollista yhteistä kieltä ei enää ole vanhempien ja lasten välillä. Lapset puhuvat englantia ja unohtavat kotona joskus opitun suomen, vanhemmat taas eivät ehkä koskaan ole kunnolla englantia oppineetkaan. Helmi Humaliston ja hänen lastensa välillä vielä keskustelu käy, mutta eikö hän pelkää lasten unohtavan suomen kokonaan?

– Mä fiilaan kovasti sori, jos tapahtuu niin, että ne unohtaa sen. Mä oon monta kertaa sanonu, että se ei yhtään haittaa jos osaat suomeakin, että koittaa säilyttää suomen kieli. Täällä on paljon sellasia toisen polven suomalaisia lapsia että ne ei puhu ollenkaan, eikä halua puhua. Se on hullu juttu monessakin tapauksessa, että ne ei halua, että vaikka ne osaakin suomea, ne mieluummin selittää englanniksi niin pitkälle kuin pystyy ja sitten ottaa jonkun suomen sanan siihen avuksi. Ainoastaan kotona ne puhuu suomea, koska isä ja äiti ei ehkä muuten ymmärtäisi. Me nyt ollaan niin laki (lucky – onnekas), että me ymmärretään mitä ne sanoo ja jos mä kuulen vieraan sanan, niin mä heti kysyn että mitä se tarkottaa. Ja sitten otetaan vaikka sanakirja esille, että minä ymmärrän mihinkä paikkaan minäkin voin sitä käyttää.

– Sinä et kuitenkaan painosta lapsia sillä tavalla, että nyt te olette suomalaisia...?

– En sillä lailla. Mutta haluan silti niitten muistavan, että ne on suomalaisista vanhemmista ainakin ja olis mukavaa että ne pitäis suomen kielen vaikka heikomminkin...

– Seuraatteko te tapahtumia Suomessa?

– Oh jes, meille tulee suomalaisia lehtiä kaiken aikaa. Mutta niin tarkasti en ole pystynyt seuraamaan, että voisin nauraa mitä Karin piirustukset on Helsingin Sanomissa. Siinä täytys tietää exactly (tarkkaan) se tilanne siellä. Kirjeenvaihto on hyvin heikkoa, tulee niin laiskaksi. Joulukorttia lähettää ja sillä tavalla. Ja sitten sellaselle, joka ei ole ollut täällä, on vaikea kirjottaa. Paljon helpompi on kirjottaa sellaselle, joka on käynyt täällä ja tietää tämän elämäntyylin. Mitä sä osaat kirjottaa sellaselle, joka ei tiedä? Sä olet kirjottanut että täällä on erilaisia kukkasia ja erilainen ilmasto ja kenguruita ja so-and-so, mutta ei niitä voi kirjoittaa kovin monta kertaa. Sitten ne ei siellä tunne näitä samoja ihmisiä, et sinä voi niistäkään kirjoittaa. Kiva idea olis, että jokainen joka sen joulukortin täältä lähettää, lähettäs mai-semakuvan täältä. Ja Suomesta lähetettäs samalla tavalla. Niinkun esimerkiksi Lahdestakin, mä olisin hirveen tyytyväinen, jos mä saisin joulukortin sieltä ja siinä olisi, minkälaisia uusia taloja on rakennettu sinne. Eikä sitä joulupukin kuvaa. Kato, kun se yhteys ei ole kovin hyvä tässä välillä, olis niin hyvä tietää miltä näyttää semmonen ja semmonen uus talo tai paikka kadusta ja mitä uutta sinne on tullut. Mitä me joka jouluksi lähetetään se joulupukin kuva...

Helmi Humalisto, kuten Mount Isan muutkin suomalaiset, elävät suuressa määrin ympäristössä, jossa ei ole välttämätöntä sopeutua australialaisuuteen. Suomen kielellä tulee toimeen ja suomalainen elämäntapa kuvastuu esimerkiksi pihoille rakennetuissa saunoissa. Mutta mikä australialaisessa elämäntavassa on sitten suomalaiselle vaikea sulattaa – englannin kielen lisäksi. Mikä australialaisuudessa tuntuu kiusaavan. Näin sanoo Helmi Humalisto:

– Hitaus. Ehdottomasti. Jos sinä menet johonkin toimistoon tai sinun pitäis jotain asiaa ajaa, niin mahdottoman hitaasti käy kaikki. Suomessa jos sinä menet ja tilaat jotain, ne lupaa että se tuodaan huomenna tai jos ne ei voi tuoda, ne sanoo sitten milloin. Täällä se tuodaan huomenna, mutta se huominen on monen päivän päässä. Taikka ensi viikolla, niin se voi olla ensi kuussa. Jos sinä rakennat taloa niin siihen ei voi niin luottaa että se timba (puutavara) tulee huomenna tai ne sementit sun muut niinko ne sanoo. Sama oli ranni-kolla eikä vaan täällä Aisassa, joka on sen verran kaukana muusta maailmasta. Joskus täytyy antaa anteeksi kun on ollut sadeaika ja tiet poikki ja ratakin saattaa olla että vesi on sen vienyt, niin sillon uskoo että ne ei voi toimittaa. Niinko esimerkiksi oli vuos kaks sitten hirveet sateet ja tiet katkes, eikä saatu perunoita enää, makaroonia syötiin ja näytti jo siltä, että leipäkin alkaa loppumaan, kun jauhot loppu. Mutta sitten ne lentokoneella niitä toi ja taas elettiin...

Kuinka raha pitää Mount Isassa, ja ystävät, vaikka terveyskin on mennyt. Suomi tuotti pettymyksen kun ei talvella ollut luntakaan.

Istutaan Ilkka Koskisen, kaivostyöläisen, kanssa iltaa. Ilkan vaimo, Sinikka, ja lapset ovat jo nukkumassa. Ollaan käyty katsomassa kuinka aurinko laskee Aisan kaivoksen taakse, punainen pallo mustan siluetin takana. Mäessä on kaivoksen työntekijöitten asuntoja, omakotitaloja, joihin kaivos on antanut piirustukset ja lainaa niitten rakentamiseen – ja ne kaikki näyttävät samanlaisilta. Ilkka on 31-vuotias, lähtenyt Suomesta jo 18-vuotiaana – juuri saatuaan katepillar-asentajan paperit. Vanhemmat olivat päättäneet lähteä ja ottivat pojan mukaansa.

Ilkka on ollut kaivoksella nyt yhteen menoon yhdeksän vuotta, mitä siinä välissä oli käymässä Suomessa. Kymmenen kuukautta perhe oli Suomessa, mutta palasi takaisin.

– Suomi oli hirveen suuri pettymys. Se ei ollut sitä mitä minä odotin. Siitä oli jäänyt sellainen kuva kun oli täällä ollut, että kyllä Suomi on ihana maa, vihreä ja muuta. Täällä kun on seutu karua. Se oli melkein kun täällä, ei se ollut semmonen suurenmoinen – se on hankala selittää. Pettymys se oli meille. Ensinnäkin me tultiin talvella, joulukuussa ja niin me odotettiin lunta. Siellähän ei ollut luntakaan edes. Meijän poika sano että me ei olla Suomessa nyt kun ei oo lunta.

Juodaan kaljaa ja jutellaan Aisasta ja aisalaisista. Ympäristössä on hiljaista, asunnot ovat syrjässä varsinaisesta keskustasta eikä autojakaan juuri liiku. Varsinkin illalla tuntuu että Mount Isa on erittäin pieni kaupunki ja kaukana kaikesta. Televisiota voi katsoa ja käydä tuttavissa ja Aisa-hotellissa, mutta siinä se melkein onkin. Mikä sitten aiheuttaa sen että Aisassa kuitenkin ollaan:

– Raha. Ja myös ystävät. Täällä mulla on ystävät, täällä on minun koti. Minä tulisin Suomeen jos saisin saman palkan kuin täällä, siellä voisi olla hyvä. Mutta en, en minä pysty lähteen täältä. Minä luulen että tämä on paras paikka Australiassa rahallisesti.

– Samalla ilmeisesti myös työn kannalta rankin?

– Suurin piirtein, se on rankin paikka.

– Ja työn rankkuus on sinuunkin vaikuttanut.

– Toisesta korvasta on mennyt kuulo. Tässä oikeassa keuhkossa oli sellainen varjostuma, miksikä ne sanoo, pölystä aiheutunut. Se on parantunut, arpi on jäljellä, se ei päässyt leviämään. Pitää olla varovainen, mä en enää pääse mainaamaan.

– Onko se pääsemistä?

– No, ne haluaa että ihmiset on niin kauan kuin ne pystyy vaan. Mitä kauemmin on ja terveenä pysyt niin he haluaa pitää sun mainaamassa. Sen jälkeen sä pääset timperimieheksi tai jokskin muuks. Minä kun sairastuin niin maini pisti hospitaaliin kuudeksi kuukaudeksi. Anto toisen työpaikan, helpomman ja puhtaammassa ilmassa.

– Oletko saanut jotain korvausta siitä kuulon menetyksestä ja varjostumasta?

– En ole.

– Onko tällaisia tapauksia paljon, onko sun tuttavapiirissä?

– On. Yhdellä Levonperällä meni kuulo kanssa ja se sai vähän yli tuhannen puntaa korvausta siitä. Viime aikoina on valtion puolesta alettu paremmin tarkkailemaan ihmisten keuhkoja. Mä tiedän viis suomalaisista – oli joku aika sitten siellä Townsvillessa hoidossa, se on ilmasta. Ja sitten sulle maksetaan kyyti Townsvilleen ja takaisin ja sä pääset tällasissa tapauksissa sinne heti. Ne sanovat että Townsvillen hospitaalissa suurimmaksi osaksi tulevat täältäpäin, ne on kaikki olleet kaivosmiehiä. Sillon kun minä olin, meitä oli seitsemänkymmentä. Hoito oli pääasiassa lepoa ja ruokaa ja iso kasa lääkkeitä ja piikkiä. Lepo oli kaikista tärkeintä.

– Sitten kun timperin hommiin alkaa, siinähän ansiotaso putoaa?

– Putoo, melkein puolella. Sillon kun oli mainaamassa, olin oikein hyvässä kontrahdissa ennen kuin jouduin pois. Nyt se on siinä 24 dollaria päivä, plus bonus. Puolella putos.

– Mitä sinä pidät Australiasta?

– Australia on hyvä maa, ollut minua kohtaan. Ja se on vissiin kaikille, jotka osaa kielen. Semmoselle, joka haluaa yrittää ja tehdä töitä, se on hyvä maa.

– Mitä vikoja Australiassa on?

– On täällä paljonkin. Kuumuus esimerkiksi. Ja sitten tulee liian hämärä liian äkkiä. Kuumuus on suurin vika. Sitten kun ollaan täällä niin tuo luonnon ympäristö ei oikein ole... se on liian karu. Ettei sinne voi lähteä niin kun Suomessa lähti käveleen, että mennään lenkille, se on liian karu.

– Mitä sinä ajattelet täkäläisestä politiikasta?

– Se on hirveen ykspuolista täällä. Se ei ole työläistynyt ollenkaan, se on enemmänkin porvarin puolella.

– Mutta työläisiähän täällä on suurin osa.

– Se on hirveen vaikea käsittää sekin. Mutta Mount Isassa äänestetään yksistään miestä, että mitä mies tekee paikkakunnan hyväksi. Katotaan mieluummin miestä kun puoluetta. Poliittinen järjestäytyneisyys on hankala täällä kun on niin monta kansalaisuutta. Ja järjestäytyminen on pientä, siinä mielessä että kukaan ei oikein välitä politiikasta, koska niillä on kohtalaisen hyvät oltavat. Kukaan ei oikein välitä, oletko sinä kommunisti tai porvari tai mikä vaan.

Ilkka Koskinen on oikeastaan alun perin ainoa tuttava täällä – ollaan tavattu joskus Hongkongissa kaljalasin äärellä. Merkillistä miten suomalaiset matkustavat, ajattelee, miten niin pienestä maasta riittääkin väkeä joka puolelle. Rauhattomia ehkä, ja sitten kai talvet pohjoisessa ovat niin kovia että lähdetään muualle. Ja jokainen vie mukanaan omat nostalgiansa Suomesta:

– Ensinnäkin lunta kaipaa ja kesällä sitä pitkää päivänvaloa, mitä täällä ei ole koskaan. Mutta en minä oikeastaan Suomesta muuta kaipaa, suomalaista ruokaakin täällä saa.

Mihin aisalainen sitten pyrkii, mitä varten puurtaa kaivoksen kuumuudessa ja pölyssä. Mihin pyrkii mies, joka jo osittain on terveytensä menettänyt?

– No mulla on semmonen ajatus että mä kerään sen verran rahaa että mä saan toisen talon rannikolta, velattomana, ja velattoman auton ja vähän rahaa pankkiin ja lapsille hyvän koulutuksen. Semmonen mulla on tarkotus. Mulla on tarkotus muuttaa rannikolle, sanotaan ehkä kymmenen vuoden päästä. Hankin jotain kevyttä työtä, että saa leipärahan vaan.

– Onko se yleinen ajatus että Mount Isaan tullaan tienaamaan rahaa ja sitten muutetaan muualle?

– Suurimmaksi osaksi se on niin. Täällä saa hirveen hyvin rahaa, mutta jos tänne jää liian kauaksi, niin menee terveys kokonaan. Vaikka onkin hetikohta hyvät olosuhteet nykyisin, mutta siltikään se ei ole terveellistä maan alla olla. Suurimmaksi osaksi tänne tullaan tekemään rahaa, sitten mennään muualle.

5. Koillisrannikko

Australian parlamentti Canberrassa on komea ...

...mutta jo kaupungin liepeillä aukeavat karjalaitumet.

Papua-Uuden-Guinean tyttöjä . . .

. . ja Brisbanen.

Sidneyn uusi oopperatalo muistuttaa purjealusta satamassa.

Port Moresbyssa – Papua-Uuden-Guinean pääkaupungissa – on vedenrajassa nähtävissä samanlaisia muotoja.

Koalat kuuluvat Australian maisemaan yhtä hyvin kuin vedonlyönti urheilukilpailujen katsomoon. Isänmaallisessa juhlassa on vaikutusta aussien emämaasta, Iso-Britanniasta; säkkipillin soitto juhlistaa tunnelmaa.

Etelä-Australiassa on auringonlasku upea ...
...ja Australian takamaastossa laskeva aurinko punaa merkillisen luonnonmuodos-
tuman – Devil's Marbles eli paholaisen marmorikuulat.

Papua-Uudessa-Guineassa on alkuasukkaan leipä tiukassa ...
...verrattuna suomalaiseen maanviljelijään Inghamissa.

Suomalaiset ovat köydenvetäjinä lyömättömiä Mount Isassa ...

...mutta australialaiset pelaavatkin mieluummin keilaa.

Suomalaisia tapaa myös Sidneyn Redfernissä.
Mount Isan Suomi-kahvilan emännät tekevät suomalaista ruokaa.
Moni suomalainen on jo löytänyt viimeisen leposijansa Australian maaperässä.

Mantereen karun keskustan jälkeen tuntuu rannikko puutarhalta. Metsät ovat reheviä ja vihreitä, puut suuria. Kaupunkien luonnekin tuntuu toiselta: täällä ei ole villin lännen tuntua. Rakennukset ovat arvokkaita, torneja on ja kelloja seinissä. Englantilaisia kruusauksia koristamassa ovien pieliä ja ikkunankarmeja. Keskustojen ulkopuolella alkavat sitten uudemmat asuinalueet, talot joissa ei ole sen merkillisempää omaleimaisuutta, ne voisivat olla yhtä hyvin vaikka Lappeenrannasta.

Townsvillen kaupungista lähdetään ajamaan pohjoiseen. Tie kulkee meren kyljessä pitkin rannikkoa. Vajaat pari sataa kilometriä on Inghamiin, jonka liepeillä on kokonainen alue suomalaisia sokeriruokoviljelijöitä. Heistä on kerrottu jo siitä lähtien kun tavattiin ensimmäinen suomalainen mantereen toisella puolella, Perthissä. Keinifarmareissa on miljonäärejäkin, sanottiin.

Yksi sokeriruokoalueita on Longpocket. Vuoria ympärillä kauempana, harmaana päivänä niitten korkeimpiin kohtiin on juuttunut pilviä. Ollaan toukokuussa – syksyssä täällä – ja maa on mustaa traktorien vetämien aurojen perässä. Kynnöksissä hyppivät linnut ja meille kerrotaan käärmeistä, joita toisinaan on pellossa montakin.

Jonkin matkan päässä on meri. Tuuli on kylmä eikä juuri houkuttele uimaan, vesi on harmaata ja kovan näköistä, se tulee korkealle ylös rannalle ja vetäytyy sitten kiemurrellen kaatuneitten puitten ja juurakoitten välistä.

Matti Kauppilalla on talo tässä rannikolla, toinen on sisempänä sokeriruokoviljelmien keskellä. Hän on kotoisin Pohjanmaalta, Lohtajalta. Tai oikeammin, hänen isänsä on sieltä ja Matti on ollut täällä koko ikänsä. Isä Kauppila tuli Australiaan jo vuonna 1924:

– Ei se heti alottanut keiniä, mutta maahan tuli. Eikä se ollut edes ensimmäisiä, oli täällä ollut muita aikaisemmin. Ryssän Jäkki tuli vuonna 1900 – Sorjus sen nimi oli, mutta Ryssän Jäkkiks sitä sanottiin kun Suomi oli ryssän alanen siihen aikaan. Se omisti tuhannen eekkeriä maata.

Lohtajalta ovat täällä useat muutkin, tai sitten muualta Pohjanmaalta. Ensiksi tulleet kertoivat kotiin mahdollisuuksista ja perässä tuli muita samasta kylästä. Alku oli samanlainen melkein kaikilla, ensin hakattiin keiniä vierailla, sitten vuokrattiin oma farmi ja kun rikastuttiin, ruvettiin omiin taloihin. Maanviljely oli tuttua tulijoille, vaikka ei nyt juuri sokeriruoko, sillä: – Pienten maatalojen poikia ne oli melekein kaikki. Ja paitsi että ammatti oli tuttu, oli houkuttimena muutakin: – Se siihen aikaan parasta rahhaa oli.

Mutta aika on muuttunut siitä kun keininhakkuussa saattoi riuska mies tehdä hyvät rahat. Ja sen mukana on tulijoitten määrä vähentynyt, melkein kuivunut.

– No kyllä tänne ei o tullu nyt, sanoo Matti Kauppila. Tullyhin on tullu pari perhettä. Tälle paikkakunnalle ei ole tullu kylä heti seitsemähän kahdeksaan vuoteen ketään. Se johtui kai siitä että tääll ei ole työtä niin paljoon muuta kun semmosta satunnaista työtä. Nyt on koneilla hakkuu kaikki, että sit ei oo sitä isoa rahaa mitä hakkuulla ennen vanhaan tuli. Ne menevät niinkö Aisahan ja rakennuksille isoissa kaupungeissa. Kylä, niinkö, hakkuukonehien mukana on työtä mutta se on niin lyhytaikainen, se on vaan viis kuukautta vuojesta ja mitä sää sitten teet kun täällä ei ole mitään muuta. Täällä ei oo mittään tehasteollisuutta tai muuta sitten siks väliajaks. Töihintulopyyntöjä ei nyt enää ole ollut parihin vuoteen. Viime vuonna kuluki kahtomasa muutama mies, niinkö satunnaista työtä mitä hyvänsä, harvon niitä työnhakijoita ennää näkkee.

Sokeriruokopelto näyttää tiiviiltä metsältä, jossa ruo'ot ulottuvat korkealle yli miehen pituuden. Välissä kulkevat kapearaiteiset kapeat raiteet, joita pitkin pienet junat vievät hakattua ruokoa pois. Mutta kuinka sokeriruo'on viljely sitten käytännössä tapahtuu?

– Se kylvetähän siitä rungosta, ruokoa pätkitähän palasiksi, kone sen pätkii maahan ja siitä se kasvaa sitten. Sitä pittää muokata ja lannottaa, panna maata päälle, heinä peittää väliin. Rikkaruoho kun rupiaa tuleen, se pittää ottaa pois. Kylvö on heti ko sajeaika loppuu, joskus huhtikuulla, mutta muuten touko-kesäkuulla ja märillä mailla on kylyvö elokuussa. Hakkuu alakaa normaalisesti kesäkuun alussa ja loppuu jouluks. Joskus märkinä vuosina voi mennä tammikuullekki, mutta jouluks yritetään aina saaha loppuun jos ilimat säätää. Normaali hakkuuaika on siinä 26–28 viikkoa. Hakkuussa sitten kone pätkii sen tuommoseks jalan – mitä se jalka on, 30 senttiä – pätkiksi. Sitten menee vaunuhun, se on semmonen häkkyrä, että se normaalisti ottaa nelisen tonnia keiniä. Se viehän sitten myllyn ratan varten, joka menee läheltä joka farmia ja jätetähän siihen sitten. Pannahan lappu miss on farmin nimi ja vaunun numero ja sitten tulee veturit ja ne vie sen sitten myllyllen. Myllyllä se jauhetahan ja tehhään sikeriks.

Sokeriruokoviljelijät vaikuttavat sangen varakkailta, maata on runsaasti.

– Keskiarvofarmiksi lasketaan tuollainen 2 000 tonnia hakkaava – se tarvihtee kolmekymmentä hehtaaria niinko keinin alla tehtyä peltoa. Simmonen talo alkaa jo olla kannattava. Maata meillä on kaikkiaan 250 eekkeriä (n. 100 ha) ja keinin alla on 72–75 hehtaaria. Me hakkaamme siinä 5 000 tonnia keiniä vuojessa eikä siinä enää minnekään sivutöihin tarvihe mennä. Tänä vuonna on keinistä hyvä hinta, me saamme siinä 12 dollaria 60 senttiä tonnilta. Se on paras mitä on monehen vuotehen ollu.

– Onkos mahdollisuutta huonoon vuoteen?

– Kyllä se on. Meillä oli viime vuonna tuuria, ei tullu myrskyä paljon. Mutta tässä kaupungin seuduilla ja täsä Halifaxisa lähellä rantaa oli jouluaattona kova saiklooni (pyörremyrsky) ja niiltä meni monelta farmilta puoli satoa.

– Korvaako sitä kukaan?

– Ei, se on huonoa tuuria. Meillä nyt vaivas tänä vuonna kuiva vähän, muttei mitenkään pahemmin. Tulva voi viedä joskus niinkun vuonna -67 oli iso tulva. Siskonmiehellä oli talo vuokralla, jossa noin normaalisti kolomisen tuhatta tonnia hakkas, niin niiltä meni niin kato, että ne jätti talon ja meni Mount Aisaan töihin. Mitä se hakkas tuhatkunta tonnia, tuluva vei kaikki muut.

– Onko sokeriruokoviljely epävarmaa?

– Ei, kylä se on varmimpia kasveja mitä on. Se kestää kuivaa ja märkää ja tuulta ja pakkasta.

– Pitääkö paikkansa mitä muualla Australiassa kerrotaan, että täkäläiset sokeriruokofarmarit ovat rikkaimpia suomalaisia koko maassa?

– En tiedä onko ne rikkahampia, mutta ne jokka täällä on enempi aikaa ollehet niin kylä ne pärjää siinä kun muutkin pärjää. Joka vain on ollut velaton talo jonkun aikaa, niin ei siinä näläkä tuu.

Kuinka Pohojanmaan murre säilyy vaikka ei Pohjanmaalla kasvaisikaan ja kuinka taivahan keskuslämmitys ei talvella auta

Kun Matti Kauppilaa kuuntelee, luulee, että hän on ikänsä asunut Pohjanmaalla. Lauseitten rakenne ja sanojen valinta ovat sellaisia kuin lakeuksilla tapaa ja painotus, puheen rytmi ovat aito pohjalaisia. Kuulostaa kummalliselta, kun Matti sitten vaihtaa paikalliseen kieleen: kukaan tuskin voi epäillä sen perusteella, että hänen äidinkielensä olisi jokin muu kuin englanti. Ja mikä merkillistä vielä, suomen kielessä ei Matti sekoita englannin sanoja kuten niin monet muut siirtolaissuomalaiset tekevät. Voisi jopa olettaa että Matin puhuma pohjanmaan murre voisi olla puhtaampaa kuin Suomessa noilla alueilla puhutaan, sillä murteitten sotkeutumista ja kielen yhtenäistymistä ei täällä ole koettu samassa mitassa kuin Suomessa. Ja Matti on elänyt Inghamissa koko ikänsä, syntynytkin täällä. Mutta miten puhe on sitten niin puhdasta?

– Min oon kotona oppinu sen vain. Emmin oo sanaakaan osannu kai englantia kun min oon kouluhun menny viienvuotiaana. Siihen aikaan täälä oli kauhian paljon suomalaisia hakkureinakin, että kun minä olin työssä kotona ens vuosia niin ain oli melekein suomalaisia ja niitten kans aina tuli puhuttua suomia. Minulla on kotokielenä aina ollut isän ja äitin kanssa suomi, en minä usko että ikänä olen sanaakaan englantia äitille sanonu. Mutta taas veljien kanssa en ikkää suomia.

Matti voisi kieleltään olla siis kumpaa hyvänsä, australialainen tai suomalainen, samoin siitä johtuen myös kansalaisuudeltaan. Hän on Australian kansalainen, mutta kumpana sitä itseään sitten varsinaisesti pitää?

– Kyllä sitä tietenkin tämänmaalaisena pitää ihtiään. Moni sanoo suomalaisiksi meitä, niinko italialaisia, vaikka ne on syntynyt täälä, sanotaan makarooneiks, mutta se on kanss vain semmosta puolittain haukkumista, puolittain kehumista. Meijät luetellahan melekein suomalaisiks, mutta kylä me täysin tämän maan kansalaisia ollahan, minä ainakin piän ihtiäni tämänmaalaisena.

Matti on naimisissa, kävi hakemassa vaimon, Sirkan – Pohjanmaalta. Lapsiakin on jo, millaisia heistä sitten halutaan?

– No minusta tuntuu, että misä sää kasuat ja misä oot, nin senmaalainen sun pitää olla, sanoo Sirkka. – Vaikka ne jonkunlaiset tunnearvot olis Suomessa ja sillä lailla, mutta mitä ne tietää Suomesta. Mitä vähä pystyy kertoon, mutta siinä kaikki.

Matti on samaa mieltä.

– No, kyllä ne luontojaan tulee tämänmaalaisia olehen. Sen minä tykkäisin, että suomen kieli pysyis niillä ja tähän asti se on pysyny. En tiedä sitten kuinka kauvan se pysyy.

Matti on välisukupolvea, sellaista jolla on siteet kumpaankiin, suomalaisuuteen ja australialaisuuteen. Hänen lapsensa ovat jo todennäköisesti lähempänä australialaisia kuin koto-Suomea. Matissa on kumpaakin laatua ehkä yhtä paljon. Miten hän eron määrittelee?

– No ihmisisä niinkö suomalainen on liika jäykkä. Sinä et saa tuttavaa, elikkä niinko sanotaan sinunkauppaa ei aivan vähällä saa suomalaisen kanssa. Täällä vaikka misä tulee ihminen vastaan, nin se on mait (kaveri). Luokkaerot ne on hirviän isot Suomessa ja sitä ei täällä tunneta. Että täälä ei niin suurta herraa tunneta, joka ei tavallisen meikäläisen kansa tuu mihin hyvänsä samahan pöytään istuun ja oo sinuja heti. Mutta Suomessa: joka vähä on ylempänä niin se on sitten sitä. Virastoisa varsinkin Suomessa, jos jotakin herraa haluat puhutella ja sen tykö pääsee niin se on mukava, mutta ne pienemmät kihot virastoisa tahtoo olla vähäsen niin, että ne kattoo alaspäin tavallista ihmistä kun sisälle kävelee. Se on ainakin mitä minä tulin huomaamahan. Kylä sitä kai vähän tääläkin on, mutta ihmiset ovat ystävällisempiä, se on ainakin minusta isoin ero. Mutta onhan sitten elämäntapa täysin erilainen, että sitä ei voi verratakkaan. Tämä on kesämaa, se on talavimaa. Ja sitten Suomessa, varsinkin maalaispaikalla, lauantai-iltaisin ne menee sinne kylälle ja miehet pukee kauhian hienosti. Täälä lauantai-iltana kun miehet menee käymähän paikalliseen kapakkahan nin ne on semmosissa vaatteissa kun se sattuu olehen. Maapaikasta puhut, niin siellä Suomesa pujetahan paljon paremmin kun täälä.

– Noista vuodenajoista, tuleeko tänne talvi?

– No, kylä se tänne pohjosehen jonkinlainen tulee. Kyllä täälä on ollu parikin viikkoa että on joka aamu kuura maasa, mutta se ei kestä, tunnin toista. Yks talvi meiltä paleltu keiniä. Mutta kukaan suomalainen ei tunne Suomessa niin kylmää kun se tuntee täälä.

– Kuinka niin?

– Varsinkin ensimmäisenä talavena minusta tuntu että paleltuuhan täälä, sanoo Sirkka. – Täälä on sisällä sama kylmä kun ulukona. Ja kaks astetta on ollut lämmintä matalimmalla mit' on mun aikana ollu ja se on sit ollu sisällä. Tääll' on vain tuo taivahan keskuslämmitys, ja se ei auta mitään yön aikana.

Kokkihommista Kanadassa safiirinetsijäksi ja kalastajaksi Australiaan

---

Jeppoon on kaupunki koillisrannikolla, pieni kaupunki. Tullaan illalla juuri auringonlaskuun ja katsotaan rannalla, kuinka pikkupoika jahtaa lokkeja rantahiekalla. Meri on hiljainen ja sininen, pilvet korkealla ja auringosta vielä jäljellä raita pilvien reunalla. Hämärä putoaa nopeasti, mutta ei tule pimeä. Kuu on jo taivaalla ennen kuin aurinko on kunnolla pudonnut ja vesi alkaa kimaltaa. Autossa istuessaan kuulee meren äänen – saman äänen saa simpukoista, mutta tämä on todellinen. Se on ison meren ääntä, joka tulee kaukaa ja johon helposti nukkuu.

Mutta pienuudestaan huolimatta ei Jeppoon nuku auringonlaskuun. Pääkadulla on hotelleja ja pubeja. Niissä nousee olutlasi päivettyneen käsivarren ylösnostamana, vaahto tarttuu ylähuuleen ja jalka naputtaa baaritiskin jalkakaiteeseen.

Täältä pubista löytää Heleniukset. Ulf Helenius on iltakaljalla töitten päätteeksi. Sonja Helenius myy iltakaljat janoisille tiskiltä.

Heleniukset ovat Porvoosta. Ehkä juuri porvoolaisuus on saanut heidät asettumaan tänne: Jeppoonissa on samaa pienen kaupungin henkeä. Mutta Ulf Helenius on ehtinyt olla monissa paikoin ja monissa töissä. Hän on ollut Mount Isan mainissa, kaivanut safiireja, kalastanut ja ollut maalarinhommissa:

– Tässä maassa jos joku kysyy osaatko jonkun homman, ja vaikka et olisi koskaan sitä tehnytkään, on vaan sanottava että tietenkin osaa. Silloin selviää. Jos sanoo, ettei osaa, sanotaan että sorry, mutta siihen tarvitaan sellainen joka pystyy...

– Entäs sitten, jos homman saa, mitenkä sen oppii?

– Katsoo mitä muut tekee ja menee perässä...

Ulf Heleniukselle ei Australia ole ensimmäinen siirtolaiskokemus. Vuosina 1958–60 hän oli siirtolaisena Kanadassa, ensin kaivoksessa

sitten Montrealin lentokentällä kokkina. Tienasi hyvin ja oppi eng-
lannin. Mutta sitten tuli lomamatka Suomeen ja naimisiin meno.
Vaimo Sonja kieltäytyi ensin lähtemästä minnekään, mutta vähän
uhkaamalla ja muulla sai Ulf hänet lähtemään Australiaan, ja nyt
Sonja jo viihtyykin ensimmäisten koti-ikävien mentyä ohi. Lähdön
syyt olivat taloudelliset:

– Minulla oli maalarinfirma, mutta verot vei hengiltä. Se oli juuri se
työttömyyden talvi, talvi 1967. Suomessa oli paljon, heikkarin paljon
työttömiä ja minä päätin, etten koskaan enää elämässäni aio olla
työttömänä. Enkä ole työttömänä sen jälkeen ollutkaan.

Heleniusten alku Australiassa oli hyvin samanlainen kuin monella
muullakin suomalaisella. Asetuttiin ensin Mount Isaan, jossa työstä
ansaitsi hyvin ja jossa suomalaisia on niin, että ei tunne oloaan turvat-
tomaksi. Mutta ruoho ei ehtinyt kasvaa jalkojen alla Mount Isassa.

– Aisassa ansaitsi yhteen aikaan kyllä hyvin ja minulla oli neljä
asuntoa siellä, jotka korjasin ja myin pois. Sitten ajettiin Australian
rannikkoa pitkin ympäri koko mantereen. Kahdessa kuukaudessa
9 700 mailia (n. 14 000 km). Pysähdeltiin siellä täällä. Tarkoitus oli
etsiä työpaikkaa, mutta sitten jäätiin Tennant Creekiin neljän sadan
mailin päähän siitä paikasta, mistä alettiin. Oltiin Darwinissakin ja
kaikki oli selvää työn suhteen, mutta sitten ei saatu asuntoa, kun
meillä oli koira. Ja päätettiin että sen sijaan että ammuttaisiin koira,
lähdetään pois. Toisen kerran Perthissä, Länsi-Australiassa sain töitä
– tiistaina sen sain ja pyysin muutaman päivän vapaaksi, että voitai-
siin järjestää asunto. Kaikki meni hyvin, saatiin asunto ja sitten tors-
taiaamuna heräsin neljältä aamulla ja oli niin hiivatin kylmä. Sonja ei
nukkunut hänkään, makasi ja tärisi ja siinä päätettiin, että kyllä läh-
detään pohjoiseen joka tapauksessa. Sinä samana aamuna pistettiin
auto liikkeelle kohti pohjoista.

Kuinka jalokiveen voi kompastua ja jättää kaivoshommat silleen

---

Australia on merkillinen maa luonnonrikkauksiensa suhteen. Se on
kokenut todellisia kultakuumeen aikoja, kun jostain on löydetty ar-
vokasta metallia melkein kasoittain. Länsi-Australiassa, erämaan

keskellä Kargoolien ja Coolgardien kaupungit olivat 1800-luvun lopussa todellisen ryntäyksen kohteita, kun kullankaivajat laumoina kulkivat sinne kamelein ja hevosin ja postivaunuin. Mutta kuume laski nopeasti, kun kultaesiintymät olivat menneet niin vähäisiksi, että yksityisen ei enää kannattanut niitä etsiä. Saman tien molemmat kaupungit muuttuivat unisiksi pieniksi kyliksi. Coolgardiesta varsinkin on enää jäljellä vain paikat osoittamassa, missä oli pankki, missä kapakka ja missä kauppa.

Mutta luonnonrikkauksia etsitään edelleen. Keskellä outbackia – Australian takamaastoa – on tälläkin hetkellä kaupunki nimeltä Cooper Biddy, jonka asukkaat elättävät itsensä etsimällä opaaleja. Kaikkialla leijuu punertava pöly, valtaukset ovat kuin myyränkoloja maisemassa, jota eivät puut korista ja vilvoitus tulee kapakoitten oluesta. Vesisuihkusta saa camping-alueella maksaa 60 senttiä eli lähes neljä markkaa. Vettä tulee hetken suihkuautomaatista niin että pahin pöly hieroontuu pois – ja sitten aika menee umpeen. Vettä on säästettävä. Ihmettelee, kuinka joku saattaa opaalienkaan takia elää tällaisessa paikassa. Mutta toisalta niistä saa rahaa ja rahalla pääsee parempiin maisemiin. Australian maaperässä on myös safiireja. Niitä on etsinyt Ulf Heleniuskin:

– Minä löysin ensimmäisen safiirini, kun oltiin Emeraldissa lomalla Mount Isasta. Viikossa löydin viiden sadan dollarin edestä. Ja se oli ensimmäinen kerta kun oltiin siellä. Mentiin sitten takaisin Aisaan ja siinä istui kaivoksessa sitten ajatellen, että pitääkö tässä tehdä töitä sadalla viidelläkymmenellä dollarilla viikossa, kun voisi tehdä viisisataa dollaria viikossa vain sellaisella leikkimisellä kentällä. Tultiin takaisin ja joku oli alkanut kaivaa sillä paikalla missä me oltiin oltu, eivätkä ne olleet löytäneet mitään. Minä näytin, mistä niitten pitäisi kaivaa. Ensimmäisellä lapiollisella löytyi suuri vihreä safiiri. Siihen meni minun intoni ja pakattiin tavarat ja lähdettiin. Mutta tultiin kuitenkin takaisin ja ryhdyin Emeraldissa karavaanipuiston hoitajaksi. Kun oli paljon vapaa-aikaa, niin käytin sen kaivamiseen. Lopulta se meni siihen, että lopetin karavaanipuiston homman ja tein kokopäivää kaivuuta puskassa. Kahdeksantoista kuukautta siihen meni kaikkiaan Emeraldissa.

– Kuulostaa jännittävältä.

– Joskus se on jännittävää, joskus ottaa päähän. Ei niitä aina löydä. Joskus saattaa kulua viikkoja ettei löydä mitään. Sitten jonain päivänä niitä taas on. Se on kovaa hommaa.

Opaalien etsijät Cooper Biddyssä kaivautuvat maan alle kuin myyrät.

– Miten safiireja etsitään?

– Siinä kaivaudutaan. Syvin missä minä olen ollut oli 42 jalkaa (lähes 13 metriä). Ensin tekee reiän maahan, siihen 42 jalkaan saakka ja sitten alkaa tehdä sellaisia myyräntunneleita. Pienillä valtauksilla on tarkoitus kaivaa hakulla ja lapiolla, mutta jos valtaus on tarpeeksi iso, voi käyttää konettakin.

– Kannattaako se?

– Juu ja ei. Se riippuu siitä löytääkö safiireja, tietenkin. Vuosi ennen kuin lähdettiin lomalle Suomeen oli hyvä. Mutta nyt kun tultiin takaisin, olivat hinnat menneet alas ja enkä sitten niitä löytänytkään, joten tultiin tänne Jeppooniin.

Tienasitte kuitenkin niin hyvin että pääsitte lomalle Suomeen?

– Kyllä, kyllä.

– Paljonko safiirista saa?

– Se riippuu väristä, paras väri on sellainen hienon sininen, siitä saa 2 000–1 800 dollaria unssilta. Todella hienoa safiiria en ole koskaan nähnyt suurta. Tässä on yksi... se 50–60 dollarin safiiri. Parhaasta safiirista jonka minä olen löytänyt maksettiin 750 dollaria (n. 4500 mk). Juuri ennen kuin lähdin lomalle, oli onnea, sain suurin piirtein

500 dollaria viikossa, kahden ja puolen kuukauden ajan. Monet ovat tehneet omaisuuksia tällä tavalla.

– Kauanko sitä tavallisesti kaivaa päivässä?

– Riippuu tietenkin tuurista. Jos löytää safiireja, tekee töitä pari kolme tuntia päivässä. Ellei löydä, sitä tekee kymmenen tuntia päivässä löytääkseen. On tehtävä niin paljon, että siitä saa jotakin. Minun täytyy sanoa, että viimeiset kaksi kuukautta, jonka sitä tein tuli tappiota joka viikolta. Asuttiin Emeraldissa ja minä ajoin kentän ja kaupungin väliä joka päivä, mikä teki noin 100 mailia päivässä ja kun lasketaan nämä autokulut ja kaikki, niin tappiota se tuotti.

Onko safiirinetsijöitä paljon?

– On kai siellä Emeraldissa 800–900 miestä.

– Mitä tekevät naiset ja lapset sellaisessa yhteiskunnassa?

– Siitä saisikin kovan jutun. He asuvat teltoissa ja siellä on tuskin pesuvettä... se on kovaa elämää. Me asuimme kaupungissa eikä Sonja olisi sellaista elämää hyväksynytkään.

– Koko homma kuulostaa kuin kultakuumeelta...

– Se voi olla pahempaa. Jos on onnea ja löytää ensimmäisellä kerralla. Monilla voi olla sellainen tuuri että suoraan sanoen kaatuu safiiriin, niin kuin näillä, joilla on vene täällä... en ole nähnyt ketään, jolla olisi samanlainen tuuri. Ei hän tee töitä kovasti, mutta sinä kuuden seitsemän kuukauden aikana kun hän kaivoi tosissaan, on hänen täytynyt tienata jotain 7 000–8 000 dollaria...

– Miltä tuntuu kun löytää safiirin?

– Voi pojat, se tuntuu mukavalta. Joka tapauksessa kun löytää isomman. Pieniin tottuu. Mutta kun joskus löytää oikein tosi-ison tuntuu samalta kuin jouluna.

Kalastajan päivä on pitkä ja verkkoon saattaa tulla kolmemetrisiä haitakin

---

Safiirinetsinnän jälkeen tuli Ulf Heleniuksesta kalastaja ja perhe muutti Jeppooniin. Ulf sai töitä kahden muun kanssa kalastusveneessä, jolla on mittaa viitisentoista metriä. Hän sanoo hommaa kannattavaksi, varsinkin silloin kun on sesonki päällä, mutta ympäri vuodenkin sillä tulee toimeen. Ei kuitenkaan helpolla, päivä on pitkä:

– Päivä on hurjan pitkä. Alkaa neljältä aamulla ja saattaa jatkua keskiyöhön. Kun ollaan aamulla alettu, tehdään töitä noin yhteentoista illalla. Yöllä heitetään ankkuri jossain. Sitten on verkot puhdistettava ja kello on kahtatoista ennen kuin ne on selvät. Ja sitten noustaan ylös taas puoli viideltä.

– Kuinka kauan te olette ulkona merellä?

– Riippuu siitä millainen tuuri käy. Jos on hyvä onni, ollaan ulkona 24 tuntia, jos on huono voidaan olla viikkokin merellä. Palkka lasketaan prosentteina, kymmenen prosenttia saaliista. Me ei tulla koskaan satamaan ennen kuin lasti on täynnä ja kaikkineen se menee tuonne 2200 paunaan (runsaat 1000 kiloa). Tämä tarkoittaa lihamäärää, nämä ovat siis eräänlaisia simpukoita ja kuorineen niitä voi olla 10 000 paunaa. Täällä on sitten tehdas, joka puhdistaa ne. Mutta katkarapuja saattaa saada päivässä 2000–3000. Niitä pyydystetään trooleilla, samaan tapaan kuin Suomessa silakoita.

– Eikö kalastus täällä ole vaarallista – puhutaan haista ja kaikennäköisistä mereneläuistä?

– Kai niitä siellä on, mutta eivät ne ole minulle mitään tehneet. Jos verkkoon tulee hai, se ammutaan ennen kuin se otetaan ylös. Sillä jos se päästetään elävänä veneeseen, se huiskii ulos mitä siinä saalista on ennen kuin sen saa talttumaan. Hait ovat täällä jotain kahden, kolmen metrin mittaisia. Ne ammutaan ja heitetään mereen.

– Eikö niistä saisi hainevesoppaa?

– Väki sanoo että skorpioniakin voi käyttää ruoaksi. Minä koitin kerran haita ja se maistuu kyllä paskalle.

Ulf Helenius ottaa vahvan savukkeen, vahvimman mitä Australian markkinoilla myydään.

– Nämä ovat ainoita savukkeita, joista saa puhtaat keuhkot...

– Kuinka niin?

– Otat aamulla yhden, niin taatusti yskit niin että keuhkot varmasti puhdistuu...

Ulf on hankkimassa omaa venettä, kymmenmetristä, joka maksaa siinä 25 000 dollaria eli n. 150 000 markkaa.

– Sillä voi hiljaisen sesongin aikana mennä kalastamaan särkille, mitä ei suuremmalla veneellä pysty. Kulut ovat pienemmät, ja kun pääsee matalampiin vesiin, voi saada suuriakin kaloja. Kalat ovat 70–80 kiloisia, mutta 200–300 kiloisiakin saattaa saada.

– Mutta eikö yksityisyrittäjänä ole vaikea, kaikkihan riippuu sesongeista jne.

– Troolarin kanssa ei ole täällä sillä tavalla, sen kanssa voi tehdä töitä ympäri vuoden. Noitten simpukoitten sesonki alkaa syyskuussa ja kestää maaliskuun puoleenväliin. Sitten tulee merirapuaika, joka kestää toukokuun loppuun. Sitten alkaa hiljaisempi kausi.

Paljonko tällä ansaitsee?

– Minä ansaitsen siinä 120 dollaria viikossa, kun verot on poissa. Se on yhtä hyvin kuin Mount Isassa, mutta nyt kyllä tekee pitempiä päiviä. Toisaalta ei kyllä myöskään tarvitse olla maan alla.

Australialainen mies ei kiroile naisen läsnäollessa, mutta eipä hän sitten ole paljon kotonakaan

---

Sonja Helenius oli Suomessa lastenhoitaja. Nyt hän todennäköisesti tarvitsee siinä ammatissa oppimiaan kykyjä pitäessään kurissa hotellin baarissa olutta särpiviä australialaisvieraita: varsinkin illan kallistuessa pitempään on metakka mahtava.

– Ensin kun tulin niin sanoin, että se on viimeinen työ minkä minä otan. Mutta ei se niin hirveätä ole. Palkka on hyvä, 72 dollaria viikossa, mutta en minä halua kyllä tehdä töitä kuutena päivänä viikossa. Sitten kun päästään vähän pitemmälle, niin ehkä vain kolmena päivänä viikonloppuisin.

Suomessa baariemäntä saa kuulla kaikenlaista kieltä, mutta australialaisilla on asenne toinen, säällinen, brittiläistä perua.

– Rumia ei saa puhua, kun on naisia lähellä. Ei saa myöskään kirota, eivätkä ne kiroilekaan. Muut saattavat niin tehdäkin, mutta eivät australialaiset.

– Pidetäänkö naista sitten jalustalla?

– No en tiedä voiko niin sanoa, kun nainen istuu kotona ja mies on pubissa koko ajan...

Ja Ulf vahvistaa:

– Niin se on, nainen on kotona, eikä hänellä ole mitään tehtävää. Kun mies lopettaa työt niin hän istuu pubissa jonnekin yhdeksään saakka. Ja sitten joka lauantai koko päivän ja vielä sunnuntain. Eikä hän koskaan ota vaimoaan mukaansa...

– Millainen sitten on australialaisen naisen asema?

– Miten sen selittäisin... sanoisin ettei koskaan arvaa miten hyvin meillä Skandinaviassa... minusta tuntuu että naisella ei ole täällä mitään sanomista. Jos mies juo niin mies juo. Ja ellei mies ole kotona, niin hän ei ole kotona. Tulee koska tykkää. Minusta tuntuu, että Skandinaviassa nainen ei suvaitse että hän joutuu istumaan kotona ilta illan jälkeen. On laittanut ruoan valmiiksi ja sitten saa istua sen kanssa odottamassa joka ilta.

– Onko usein niin?

– Se on täällä aina niin.

– Ne pitävät että minä olen tohvelin alla, kun minä tulen kotiin päivälliselle, sanoo Ulf. – Tai että kun Sonja lopettaa työt, minä lähden kotiin samaa matkaa.

– Kuka sitten pitää huolta perheen rahoista?

– Se on mies. Ja yksi asia, jota minä en ymmärrä on, että monet on töissä rautateillä ja sellaisissa paikoissa, joista saa palkkaa vain jonkun 65 dollaria tai niillä main. Että niillä sitten on varaa istua pubissa joka ilta! Jos laskee 65 dollarista pois verot, niillä on ehkä 60 dollaria jäljellä. Jos ne sitten istuvat pubissa töittensä päättymisestä lähtien siihen saakka kun suljetaan ja vaikka joisi vain vähän, niin joka tapauksessa menee pari kolme dollaria illassa. Eli jos otetaan kuudestakympistä pois 21 dollaria, jää jäljelle 39 dollaria, viikkopalkasta siis. Sitten on ehkä auto maksettavana osamaksulla, se vie osan. Millä nämä elävät.

Mutta naiset eivät siis käy yleensä töissä?

– Ei, eivät käy. He ovat kyllä melkein pelkästään skandinaaveja. Tai eurooppalaisia, sanotaan, sellaisia jotka tulevat siirtolaisina. Minusta tuntuu, että monet australialaiset ovat tyytyväisiä siihen mitä niillä on, missä sitten ovatkin. Saavat kaljansa illassa ja ovat siihen tyytyväisiä. Mutta siirtolaisten kohdalla ei ole niin. Minusta tuntuu, että ei ole yhtään siirtolaista, joka olisi tyytyväinen siihen, että saa 50 dollaria viikossa ja katon päänsä päälle. Siirtolaisen on näytettävä itselleen ja sukulaisilleen kotona, että pystyy aikaansaamaan jotain. On näytettävä, muuten sanotaan että siinäpä idiootti kun tänne tuli. Mikä merkitsee sitä, että täällä tekee hyvin paljon enemmän töitä kuin kotona. Kotona tekee töitä vain siksi että on pakko tehdä, mutta täällä tekee vähän enemmän vain että olisi varaa vähän enempään, elintasonsa nostamiseen...

Jeppoon on menettämässä pikkukaupungin luonnettaan. Puhutaan että japanilainen monimiljonääri on suunnittelemassa lähistölle lomakaupunkia, jossa tuhannet japanilaiset voisivat pitää lomaa puhtaitten vesien äärellä. Tämä on nostanut tonttien hintoja koko kaupungissa. Lasketaan, että business tulee kasvamaan ja sen mukaan kallistuvat tonttien hinnatkin. Tämä taas vaikuttaa tavallisiin jeppoonilaisiin siten, että heillä ei ole varaa asua täällä. He joutuvat muuttamaan pari mailia kauemmaksi: ranta maksaa liikaa.

Ja rantaan rakennetaan. Uutta liiketaloa pystyttämässä on myös suomalainen, rakennusmestari Markus Sivula, kotoisin Lahdesta. Markus Sivulan työpaikka, rakennusliike, on varsinaisesti Rockhamptonissa, jonkin verran Jeppoonista etelään. Täällä hän on valvomassa työmaan edistymistä.

Istutaan työmaakopissa ja ryypätään mukeista kahvia. Markus Sivula kertoo, kuinka hänen itse asiassa piti vain poiketa Australiassa maailmanympärimatkalla ja sitten jatkaa eteenpäin Amerikkaan. Mutta jatkosta ei tullut mitään.

– Suurimpana syynä oli, että mie menin naimisiin. En ollu täällä ollu kun kymmenen kuukautta, kun menin kihloihin. Tuntuhan se siltä, että pitkälle oli tarvinnu tulla vaimoa hakemaan. Suomessa minulla ei ollu mitään taloudellisia syitä tänne lähtöön, vieläkin siellä on rahaa saatavana.

Markus Sivulalla oli Australiaan tullessaan insinöörin koulutus, Ruotsin insinöörin, kuten hän sanoo. Mutta sillä ei täällä vastaavia hommia järjestynyt.

– Ei sitä hyväksytty ensinkään täällä. Nyt se on helpompi, sun täytyy ainoastaan tehä se tutkinto, jos oot englannin kielen taitonen, mutta sillon niin ne ei hyväksynyt sitä tutkintoo. Mie kävin tutkinnossa ja läpäsin sen, mutta sanottiin että jos nyt päästää läpitte, niin kaikki täytyy päästää läpitte samalla tavalla. Ja se laki oli sillon että täytyy suorittaa se koulutus – se oli viis vuotta ja minusta tuntu että oon liian vanha lukemaan uudestaan.

– Mihinkäs hommiin siitä sitten pääsi?

– Karpentterina (kirvesmiehenä) aloin rakennuksilla ja siitä sitte

Markus Sivula on työmaapäällikkönä rockhamptonilaisessa rakennusliikkeessä.

nousi ylöspäin. Se on helpompi päästä ylöspäin kun on se pohjakou-
lutus ainakin, on vähän enemmän sitä tietopuolista perustaa. Asteit-
tain siitä sitten nousi ensin etumieheks ja sitten myöhemmin super-
vaisariks ja nyt tämä homma vastaa niinko työmaapäällikköä.

Mitenkä kauan prosessi kesti?

– Se kesti mulla noin kuus vuotta.

– Eikö se siepannut kun ajatteli, että siinä pystyisi hoitamaan inssin
hommat ...?

– Se on luonnollinen asia. Ihminen haluaisi sen mihin se on koulut
käyny. Matalaksi se panee jollakin tavalla, että mie en yhtään ihmet-
tele että jotkut, jotka tänne tuli, on lähteneet pois. Muistan kun Tam-
pereelta yksi rakennusmestari oli täällä jonkun aikaa, sen isällä oli
rakennusliike Tampereella, vuoden, kaksko se yritti ja kun ei päässy
mihinkään, niin lähti pois täältä. Sitten on se jos ei puhu englantia,
niin on melko huono päästä eteenpäin omalla alallaan. Sanotaan esi-
merkiksi että sillon kun minä tulin, kierti semmonen juttu – ja se oli
tosi – että täällä oli saksalainen professori, jonka piti olla oikein etevä
mies alallaan, mutta se ei puhunu englantia niin se joutu käymälöitä
siivoomaan. Ei kerta kaikkiaan ollu mahdollista päästä omalle alal-
leen.

– Entä sinun kohdallasi: jos kirvesmiehenä ollessasi sanoit kuinka voisi tehdä – niin kuin Suomessa tiesit tehtävän – hyväksytäänkö sellainen?

– Niin kauan kun sinä olet kirvesmiehenä tai alempana noin, siihen ei kukaan kiinnitä huomiota, anna sille mitään arvoa. Sitten vasta kun pääset ylöspäin ja sinulla on vähän sananvaltaa niin sitten se auttaa, mutta ei ennen. On sitä tapauksia että pääsee läpitte, mie tiedän yhen suomalaisen. Se oli rakennusmestari Suomessa ja se oli siltatöissä raudottajana, kun ei saanu omaa hommaa. Ne teki raudotuksen siten, että se oli väärinpäin. Kun piti tulla pintaan, niin ne pani sen pohjaan. Tää suomalainen otti ja huomautti siitä ja sattu olemaan se insinööri siinä, niin se katto ja huomas virheen, joka siinä oli käyny. Ne purki sen pois ja suomalainen pääsi foremanniksi heti. Niin, että on tämmösiä tapauksia, mutta niitä on yksi tuhannesta.

– Millaiset sitten ovat suhteet työmiehen ja työnjohtajan välillä?

– Mie en nyt tiiä, minkälaiset suhteet Suomessa on nykyään. Mutta sillon kun mie olin siellä, niin Suomessa oli jyrkemmät suhteet. Esimerkiksi mie muistan niin Suomessa työmies ei puhutellu mestaria etunimeltä . Se oli aina mestari. Mutta täällä se ei tuu kysymykseen ensinkään, se on etunimellä puhuttelua, se ei vilkase kuinka korkealla sinä olet. Siinä suhteessa ei ole niin jyrkkää rajaa.

Mikä kelpasi rakentamisessa isälle, kelpaa pojallekin

Australialla on vanhoillisen maine. Perinteet kulkevat pitkään, eikä niitä helposti aleta uudistaa. Markus Sivula sanoo tämän pätevän myös rakentamisen tekniikkaan. Australia on jäljessä Euroopasta.

– Mie luulen että australialaisen on pikkusen vaikea saaha mitään uutta omaksutuksi äkkiä. Lehtiähän tulee, mutta minusta tuntuu siltä että ajatellaan, että kun joku on ollu good enough (riittävän hyvä) isälle niin se on good enough pojallekin. Esimerkiksi elementtirakentamisesta: etelämpänä sitä tehdään, mutta täällä pohjoisessa ei vielä ensinkään. Queensland on jälessä New South Walesista jonkun verran rakentamisessa. Sitten on ne rakennussäännöt eri kunnissa vähän vanhoilliset ja ennen kun ne muuttuu niin kaikki ottaa aikaa. Siirtolaisilla on oma ansionsa. Mitä täällä menee eteenpäin, niin suuren osan uutuuksista tuovat juuri siirtolaiset.

Rakennustoiminnan lisääntyminen varsinkin Australian kaupunkiseuduilla on ollut viime vuosina hyvin nopeata – ja samanaikaisesti voista.

Missä määrin fuskua sitten tapahtuu?

– Se riippuu vähän firmasta. Mie sillon kun olin karpentterina isommissa liikkeissä ja omakotitalon rakennuksessa niin huomasin että niissä sitä tehhään vähäsen, että siinä ei ole tarpeeksi sitä valvontaa. Mutta tällasilla rakennuksilla missä mie olen nyt ollut, niin näissä sitä ei tehä. Ei se kannata, valvonta on niin paljon parempi. Valtion valvonta on ollut kova ainoastaan valtion taloissa. Omakotifirmoissa, tavallisissa rakennusfirmoissa se tähän saakka on ollut aika leväperäistä, mutta se alkaa tiukentua nytten. Omakotitalojen kohalla keinottelua kyllä ilmenee – siinä ajatellaan että mitä halvemmalla pystyy tekemään omakotitalon ja myymään hyvällä hinnalla, sitä enemmän voittoa siitä saa.

Otetaan sitten esimerkiksi tuollainen omakotitalo, yksikerroksinen, jossa on kolme huonetta ja keittiö. Paljonko maksaa tontti ja sitten talon rakennuttaminen siihen?

– Paikasta riippuen. Esimerkiksi Rockhamptonissa nytten on tonttien hinta keskimäärin siinä 3000–3500 dollaria (n 18 000–21 000 mk). Halvin talo siihen sitten on siinä kymmenentuhatta dollaria (n 60 000 mk). Tämä on puutalosta, tiilitalo maksaa siinä 11 000 dollaria. Siinä on sillon hella ja sinkki, siis tollanen kiinteä kalusto, kaapit, mutta ei irtainta mitään. Tonttia on sillon joku viistoista aaria. Käsirahalla siihen pääsee kiinni, tavallisesti käsiraha on kymmenen prosenttia, mutta joskus sattuu että saa viidelläkin prosentilla. Loput maksaa niin ja niin paljon kuukaudessa.

– Onko asunnoista pulaa?

– Melkein joka paikassa on asuntopulaa. Niitä tulee melko paljon, mutta ei vaan tarpeeksi. Ja hinnat tahtoo mennä niin, että monikin joka tahtoisi asuntoa niin niillä ei ole varaa ostaa.

6. Hakalan Topi Punkalaitumelta

Tämän kirjoittaja ja Hakalan Topi olemme molemmat Punkalaitumelta. Topi oli maalarina. Minä kävin vielä koulua, mutta Emmankallion nurkilla aina joskus nähtiin. Paremmin Topi tunsi vanhemmat, mutta morjesti sentään aina ohi mennessään. Topilla oli sellainen maine, että oli aina hyvä suustaan: joka paikkaan osasi paiskata asiaankuuluvan sanan. Teki töitä rakennuksilla ja tuli kotiin tekemään remonttia, jos oli maalarista tarvis. Jos sattui olemaan muurarikin mukana, niin remontinteettäjä joutui hankkimaan kavereille kaljat tai vahvempaakin. Siinä oli se riski, että vaikka työ saattoi mennä joutuisammin, niin joskus sekä maalari että muurari unohtuivat pitämään juhlaa ja työ saattoi kestää pitempään. Mutta aina tuli toki tehdyksi.

Sitten kuulin että Topi oli lähtenyt Australiaan. Kultaskalta sain osoitteen Sidneyssä, minne Topi oli asettunut. Sisään tullessa Topi ei ollut tuntea: mistäpä hän olisi osannut punkalaitumelaisia odottaa ja toisaalta, onpa tässä muuttunut siitä, kun keskikoululaisena ollessani viimeksi tavattiin.

Topi oli sängyssä – ollut sairaana toista vuotta. Mutta se ilta istuttiin pöydän vieressä, Topi keinustuolissa, minä sohvalla ja Topin vaimo Hilkka ja tytär Pirjo pöydän vierellä. Ja puhuttiin Australiasta ja Punkalaitumesta.

En näitä puheita ryhdy sen kummemmin uusiksi kirjoittelemaan. Joka ei punkalaitumelaista ymmärrä, siirtyköön seuraavaan lukuun:

– Kun ei naisväki ymmärrä...Katos ko määkin oon sanonu...Määkin elin kolkytseittemän vuatta kato silahkalla, niin emmää sitä ny ennää silahkaa kaipaa. Haluaa jottain muutakin kallaa saara jo ny ... On kujasite se hyvä kala, tottakai se kaloista parhaita on, silli ja silahka. Jos saat tuareen sillin ...Mutta uutta perunaa ei saa ollenkaan. Minä en ymmärrä, se on heti vanha, hyvä peruna täällä on mutta se ei oo semmosta uutta. Niinko Suamesakin pantiin, naisväki pisti ämpäriin ja luuralla lähti kuaret pois.

– Sää sanot vähän samalla viisiin kun minulta jottain on kysytty täsä että kummosta Suamesa on niinko kylmyyren pualelta. Minä oon sanonu, että puali vuatta on kylmää ja toinen puali vuatta on oikein kylmää. Että on vähän samalla viisiin perunoitten kansa. Mutta

Hakalan Topi lähti Punkalaitumelta ja oli sairastumiseensa saakka maalarina Sidneyssä. Mukana kuvassa tytär Pirjo ja koira.

niinko oli sairaalaskin ja kysyivät sitten aina minkämaalainen mää oon muka. Mää aina sanoin että eskimo. Niin ne tuli sitten Pirjolta kysyyn, että ootteks te torella eskimoita. Sanoi vaan että kylä ollaan juu eskimoita.

– Mitenkäs olette kielen kanssa toimeen tulleet?

– No kylä sen kansa toimeen tullaan, sano. Noit asiat oli kaikkein helpompia noi kirosanat ja paarijutut. Leipä jäi viimeksi. Punkalaitumelta kun lährettiin niin ei kukaan osannu. Vaimo opetti laivalla lapsille kymmeneen saakka laskemaan.

– Mikä teidät sitten sai tänne lähtemään?

– Toivon päähänpisto. Se näki lehresä kerran ilmotuksen, sanoo Hilkka.

– Heikki Äyhösellä olin ja kattelin sanomalehrestä kuinka täällä on loistavaa, urheilun maa ... mutta sitä ei ollu että vastakohtien maa, se olisi täytyny olla kansa. Mää sanoin sitten, että nyt minä lähren Australiaan ja sitten lährin ostaan lentopostipaperia Helariuttan kirjakaupasta ja seuraavana päivänä kirjotin heti Kööpenhaminaan. Minä aina sanon että minä lähren, että tarkenen tyykihousulla kautta vuaren. Mutta täälä on tarvinnu ... nykkin on yäpuvun housut jallaasa viälä ja villasukat. Mulla oli kato niin helppo tulla tänne, helpompi kun monella muulla, katos kun oli semmonen juttu että mun vaimo on nyt kolmatta kertaa siirtolaisena, kun hän on karjalainen. Ollu kaks kertaa siirtolaisena Suamesa, joutunu pois kottoonsa kaks kertaa jo. Oli niin helppo tulla kun tiesin että hän tietää siirtolaisen meiningit. Mulla on tuala kirje kirjotettuna Helariuttalle, se on kahreksan, yhreksän vuatta sitten kirjotettu, mutta ei ole viälä valmis. Helariutta pyysi mua kirjeen kirjottamaan, että kuulumisia. Siinä kirjeesä on sitten tämäkin. Ja Hilkka sano, että ens kerran otettiin ilolla vastaan ko tultiin tänne mitä hän on siirtolaisena ollu. Muut ennen kiros aina kun hän oli siirtolaisena. Oli se hyvä vastaanotto täälä, superlonpatjat ja kaikki ...

– Miltä se tuntu lähtö, kun laivasta katsoi että sinne se Suomi jää?

– No emminä tierä jos se miltään ...

– Minä itkin kumminkin, sanoo Pirjo. – Ja Antti sano Hilkkaa että älä itke, et sää viimestä kertaa Suamesta lähre. Samoten Syrjälän pihassa itkin niin kauheesti...

– Oliko se niin murheellinen lähtö?

– En minä ymmärrä, kun mää oon joutunu lähtemään niin monta kertaa ...sotahommisakin viis vuatta olin ja reissutöisä paljon nin. Ettei siä Punkalaitumellakan niin, mitä nuarisokin tuli semmoseks ettei tuntenukkan kaikkia muuta kun isän näöltä tunsin...

Kuinka australialaiset maalaavat ikkunanpokia pitkäjouhisella pensselillä

Topilla on talo yhdellä Sidneyn esikaupunkialueista. Matkaa sinne on keskustasta runsaat puoli tuntia. Talo on tavallisen omakotitalon suuruusluokkaa. Edessä on pieni puutarha ja veranta, jonka eteen voi ajaa autonsa. Mutta talo tuli vasta myöhemmin. Ensin joutuivat Hakalat siirtolaisten vastaanottoleirille Bonegillaan.

– Ei me oltu hostelisa kun kolme kuukautta vaan ja sitten oltiin kaks kuukautta vuakralla. Sitten yks tuttava sano, että täälä olis mökki myytävänä, että osta sää se. Mää sanoin että ei mulla kovin paljo rahhaa o, mutta jos sen vähällä saa. Ja me saatiin kovin mukavasti tää ostettua ja kuus vuatta maksomme tätä sitten vaan. Meillä oli Suamesta vähän rahhaa talon myynnistä ja muutenkin ja saatiin siitä sitten käsirahhaa...

– Mistä sitten töitä sait?

– No mun kävi niin hyvin, että Ponegillasta lähetettiin ensin tänne oijjaa kaivamaan. Hostelisa sitten rehvasin maalareita siälä ja yks tuli sitten ja kysy että mikäs miäs se suamalainen on. Mää sanon että maalari mää oon, mutta lapio mulle luvattiin. Se sano siihen että mees puhuun tonne – ja mää pääsin kohta sitten tänne Liverpuuliin sotilasalueelle maalaamaan. Mulla kävi niin hyvä tuuri etten mää ole muuta joutunu tekkeen kun maalaamaan. Hilkka pääsi töihin sitten plastiikkatehtaale. Mää kun rupesin maalaamaan, niin posse anto siinä maalipurkin ja anto uuden mustan pitkäjouhisen pensselin, että meet ikkunoita maalaan. Ko hän näytti ikkunoita niin kylä mää sen ymmärsin, että tota ny maalaat ja ikkuna huanosa maalisa oli. Ihmettelin sitä pensseliä, kas ko siinä maalari ottaa kuluneen pensselin kun se ikkunoita maalaa, ei se käy oikeen uurella. Minä kattelin kun tämmaalaiset suti sillä, niin minä menin siinä mukana vaan. Mutta sitten jo parin päivän päästä sain vaihtaa, ottaa itte pensselin. Tää työ on vähän semmosta, että kon mää olin Suamesa niin siä oli työt erinomasen toisellaisia kun täälä. Ei täälä paklatakkan ollenkan mitään, ovia ei mitään ikkunoita paklata niinko Suamesa ja Ruatsisa.

– Mikä siinä sitten on?

– No täälä tehrään puutyä kuulemma niin hyvvää, sanotaan, joo. Emminä tiärä siitä sitten. Mutta kylä ovekki sen näkösiä tuppaa olemaan...

– Sanovat että esimerkiksi sementinvalamisessa ei oltaisi niin tarkkoja?

– Täälä on se meininki kylä aika laila toisenlaista. Kylä nää isot talot tuppaa siirtymäänkin ja kivitalot halkeileenkin. Mitä nää tämmöset talot kun meilä, vaikka metrin liikkus etteenpäin nin ... Minkä ne mennee. Auto lykätään tämmösen talon alle ja talo viärään toiseen paikkaan ... tämäkin talo on tuatu muualta aikoinansa ja auton päälä täälä mennee karuilla ussein taloja. Poliisi kulkee erellä.

– Kun nyt katsot täkäläisten maalarien hommia, pystytkö tekeen paremmin?

– Tottakai, mutta milläs sää täälä teet paremmin, kun se kuuluu näin teherä ja kaikin pualin.

– Eikös se harmita?

– No siihen tottu. Ihmisen tarttee mennä toisten mukkaan ja kattoo kun ne on tämmaalaisia ja maalareina täälä kauan olleet. Niin että mun täytyy kattoo heistä oppia, eikä heirän minusta. He on sanoneetkin, että täälä tehrään Austraalian tyyliin. Täytyy suttaantua tyähommiin. Mää oon sanonukkin tyäkavereille, että ei teitin kannata soittaa suuta ja ommaa päätä pittää, meitin on pakko mennä niinko meille sanotaan ...Koska muuten tullee hyvällä syyllä lopputili...

– Ovatkos nämä herkkiä antamaan lopputiliä?

– No en minä tierä, minä oon ollu aika pitkään joka työpaikassa. Mutta toisinansa saa herkästi lopputilin ja täsä maasa on semmonen, että täkäläiset palvoo silmiä. Että sillon kun posse tullee, nin pensseli hossuu kauheesti. Mutta täytyy sitä ajatella, että onhan possella silmät, näkkeehän se onko miäs tehny tätä vai ei. Minä oon istunu lankulla, kun posse tullee ja vedelly siinä tupakkaa kun on tullu jutteleen. Mutta ei minulla ole ikinä ollu minkäänlaista, ko mää verän sen sauhuni niin mää teen tyätä sitten. Enkä mää ikinä oo laiskansitkee ollu, aina mää oon tehny.

– Aina olet töissä pärjännyt?

– Ei mulla oo ollu mittään. Kun on sitä maalaustyötä tehny aikaisemmin. Mutta oli mullakin papereita taskusa kon mää menin sinne ensimmäiseen työpaikkaan ja aattelin, että näytän sitten, mutta ne sano ettei papereilla maalata. Kielijuttu on joillakin tiätysti paha, mutta täsä ammatisa, niinko maalarina, siinä ei ny paljon kiältäkän tartte. Niinko mun veljeni sano, siitä urheilukentän syrjästä se Urpo, että ei maalarilla mittää, kun kirvesmies tekkee selvän plaanin, nin kyä siihen maalia projottaa ...

Topi tuli baarista kahdeksan kanaa takapenkillä ja ajoi toisen auton perään, mutta poliisikonstaapeli päästi menemään

---

Punkalaitumella on yksi päätie, väylä joka kulkee Lauttakylästä Urjalaan. Muutama vuosi sitten se päällystettiin. Ennen se oli soratie, joka pölysi kovasti, niin että ojan piennarten ruohot olivat aina harmaina. Mansikat, joita tien vierelta poimi, kirskuivat hampaissa pölyn takia. Tien vierillä on sitten taloja kummallakin puolella, vaikkakin Punkalaitumenjoen puolella vähemmän, koska rinne joelle on jyrkkä ja sille rakentaminen on ollut kalliimpaa. Eikä oikein lähelle jokea edes voinut rakentaa, koska joki tulvi joka kevät suureksi järveksi. Pärnistön kaupan kohdalla saattoi jopa ojaan pistää katiskan ja saada kohtuullisia haukia. Vähän mutaisen värisiä, mutta hyvälle maistuvia kuitenkin.

Ero Punkalaitumen ja Sidneyn välillä on iso. Jos kaupungin siirtäisi Punkalaitumelle, sen liepeet olisivat Urjalassa 25 kilometrin päässä. Ja kulkeminenkin toisenlaista.

– Isä aina eksy junassa, sanoo Pirjo.

– Niin, mää nukuin, mää en tiä minne mää ajoin välistä.

– Osannu lukkee niitä taulujakaan, aina olit vääräsä junasa.

– Ja autollakin nin, sinä et muista koskaan mistä mennään, jatkaa Hilkka.

– No juu kylä mää eksyn viäläkin. Kun mun pitäs oikasta nin sillon mää eksyn, jossen mää tuttuja teitä ajele. Noi nuaremmat on hyviä tiätään kaupunkia ...

Etäisyydet Sidneyssä ovat sitä luokkaa, ettei polkupyörällä juuri tule toimeen, ellei nyt rajoita ajeluitaan vain omaan lähinaapuristoonsa. Mutta niinpä Topikin on joutunut muuttamaan kulkuneuvoa, hankkimaan auton.

– Kohta pian tultua mää ostin morriksen ja ajelin sillä vuaren päivät. Sitten menin korttia ajamaan, suamalainen moottoripyöräkortti kun vaan oli. Autokoulunopettaja, semmonen ranskalainen tuli hakemaan ja mulla oli tulkkina yks Malinen. Tää ranskalainen sano että me tuumme omilla kielillämme toimeen, ettei mitään tulkkeja tarvita. Kas kon mulla oli pikkusen enemmän rahhaa antaa. Mentiin sitten, mää sanoin että mennään mun autolla ja olisin menny rattiin. No juu, sano hän, hän jättää autonsa tähän. Hän meni rattiin sitten ja kun oltiin Liverpuulisa siinä baarin tykönä, mää sanoin että poiketaanko kaljalle. Ei, ei ny mennesä, sano hän, poiketaan tullesa vasta. Yhren kulman hän sitten pisti mun ajamaan vaan ja sitten mentiin poliisilaitokselle. Mitenkäs ne ajokokkeet, sano poliisi. Me oomme ne jo ajaneet, sano tämä ja kysy sitten onko sulla rahat täsä. Mää annon rahat ja se sano että mee pois sitten eteiseen. Vähän päästä käskettiin sitten mää takasin ja kortti tuli. Sillä oli se oma poliisinsa ja anto sille tiätysti vähän maksua.

– Nyt täytyy ajjaa poliisin kanssa, sanoo Pirjo.

– Täyty ajjaa sillonkin, mutta sillä oli se oma poliisinsa.

Topi valittelee ettei ole vieraalle paukkua tarjota.

– Mää en juuri oo paljon ottanutkaan. Kylä mää joskus otan, mutten kovin paljon kun on ollut huanosa kunnosa, ettei oo parantunu paljon ottaa. Ko pullon vodkaa ottaa niin se riittää jo hyvinkin.

– Täällä saa Finlandia-vodkaakin.

– Juu täälä saa kaikkee. Täälä on sitä vodkaa ja vaikka mitä. Tänne tuli yks kaveri Suamesta niin toi sitä Karhu-viinaa, siä on ny sitäkin. Kon mää olin vähänen poika, se oli ensimmäistä viinaa kun oli Suamesa, Karhuviina. Ei se maistunu, en tiärä. Mutta saa lakkalikööriä ja mesimarjalikööriäkin, ovat hirveisä hinnoisa.

– Täkäläisten kaljanjuontiin olet tottunut?

– Juu, kyllä kyllä sano. Ensin oli alkuun vähän semmosta, en tiärä oliko emigranttimyyjiä tuola baareissa, mutta kon menin pyytään Liverpoolissaki niin mää pyysin että skyynä. En minä ymmärrä mitä sää oikein tarkotat, ne sano. Mää näytin lasia sitten pöyrällä, aa ne sano, ju laik kyynä. Se oli sitten kyynä. Menin toiseen baariin ja pyysin kyynää. En minä ymmärrä yhtää mitä sä haluat, ne sanoivat ja koitin taas selittää. Aa, juu laik skyynä, sano taas se myyjä. Ain oli väärippäin, samperi, sano kujappäin vaan. Ei ne halunnu ymmärtää, äänenpainosta sittenkö se oli kiinni, että huomas että oon emigrantti vai mistä se oli kiinni ...

Meillä on autossa muutama kaljapurkki. Käydään hakemassa ne ja napsitaan auki. Lämmintä se on, kukaan australialainen ei sellaista hyväksyisi ainakaan baarissa. Topi juttelee baarikokemuksista.

– Minulla on ihmeen tuuri ollu. Mää olin Lepingtonin baarisa, Hilkan kansa käytiin siälä. Tästä on semmonen toista kymmentä mailia sinne matkaa. Mulla oli kaljaa ja vähän väkeviä takapenkillä ja siinä oli kahreksan kannaakin siälä takapenkillä, voitettu siälä baarisa. Kyttään vastaantulijoita ketä tullee, kyttään niitä ja lasken toista perään. Mää olisin pojille sopinu sitten, että mää maksan, mutta mulla ei oo rahhaa mukana – että mennään meille kottiin, siälä on. Olisin maksanu heirän takalyhryt ja sen perän. Mutta ei, pojat halus poliisin. Mää sanoin, että ei voi sitten mittään. Mää olin vähän kekkulissa ja se poliisi tuli – semmonen nuari poliisi – ja kysy papereita. Mää sanoin että vartoo ny poliisikonstaapeli – mää sanoin poliisikonstaapeli niinkon Suamesakin ja se oli joku saksalainen se poliisi, että kyä se ymmärsi. Emmää sen paremmin söötä enkä sirriä hokenu ja se oli reilu, katto mun paperini ja sano että anna painua, sano. Ei mua kahta kertaa tarvinnu käskeä kuule, mää lährin. Eikä mittään tullu, vaikka poika tuli tänne sitten pyytään rahoja multa. Tuli äitinsä kansa tänne muutaman päivän päästä ja sano että maksaks sää sen hänen autonsa. Mää sanoin etten maksa yhtään markkaa. Mää olisin sillon maksanu, mutta koska tuli poliisit ja minulla on vakuutus, niin se maksaa. Ettet sää saa markkaakan, juu.

Kuinka Topi luuli maalarin häntä alkavan leikata ja mitenkä Australiassa kerrotaan ettei suomalaistytöillä ole housuja

---

Topi on sairastellut toista vuotta, käsissä ja jaloissa on vikaa. Kysyn onko se ammattisairautta. Topi sanoo, ettei hän ole lyijymaaleja niin paljon käyttänyt, että sairaus olisi siitä. Reumatismiksi sanovat, mutta ankaraa on ollut ja vienyt rahaa. Jalan leikkaukseen yksistään on mennyt kaksituhatta dollaria. Muuta ei ole paljon laskettukaan. Australiassa sairausvakuutusjärjestelmä on huomattavasti jäljessä Pohjoismaitten oloista, itse joutuu useimmiten vakuutusmaksunsa hoitamaan, terveenä ollessaan. Topi on tätä turvallisuutta miettinyt:

– Kyllä kai se olisi turvallisempi Suamesa ja sitten on vähän huano toi kieli nin luattamus olisi parempi Suamesa lääkäreihin. Vaikka kylä mää täkäläisiinkin lääkäreihin luatan. Kon Weifiildissä leikattiin jalka tualta takaa niin tuli semmonen kun oli maalarin haalarit yllä, hiat pois revitty ja mää koitin että olisin nukkunu, että mää en näe että sekö mun leikkaa. Se mun varmaan sitten leikkas ja se oli kun Kolkatan miäs ...

– Mää olin isän mukana ja istuin siinä penkillä ja sanoin että toikohan sun nyt leikkaa ja isä sano että älä mua ennää pelottele...

– Ei täälä olla kuule ollenkaan niin paljon viksua missään lääkärisä. Et sää tiä mikä lääkäri on ko tullee ... Kuka se juuri oli sairaalasa ja lasinpesijän luuli olevan ja rupes huutaan että lasinpesijä tullee häntä pitelemmään sänkysä ... ja sehän oli lääkäri. Nää jalat on nin piänekskin menny kun kuus stoonia laihtunu oon. Tästä ny väännetään luita poikki ja oikastaan ja pannaan kipsi. Siinä oli semmonen rautakipsi kummä en jaksanu yhtään nostaakaan, mää pyysin hoitajaa aina nostaan ...

– Miten sitä toimeen sitten tulee, kun sinä olet sairaana?

– Minä teen töitä ja toimeen sillä on tultava, sanoo Hilkka.

– Mitä ny jos laskis että 50 dollaria Hilkka sais. Tiätysti se enemmän saa viikosa, mutta jos laskis sen mukkaan. Talosta ei mene vuokraa ja sillä se on hyvä, ettei ole enää maksuja muuta kun mitä vesi ja sähkö ...

– Saatko vanhasta työpaikasta mitään?

– Ei, ei sieltä mittään saa. Ainoa minkä saan, on mitä valtiolta tullee invaliitipensio 12 dollaria 60 senttiä viikossa.

– Lupaakos lääkärit että tosta vielä voi parantua?

– No kylä yks spesialisti sano, että ei siitä töihin ennää pääse. Mutta sitten tämä toinen tohtori sano, että hän on tämmäsiä jalkoja parantanu joskus ja hän mennee nykkin Amerikkaan tutkimaan lissää reumatismia. Pääsis sen verran eres liikkeelle, että pääsis pyytämään sitte ko hätä tullee...

– Sää tarkotat kerjäämään, sanoo Hilkka.

– Nii.

– Miten viranomaiset suhtautuu, kun menee kysymään korvausta?

– Eläkkeestä ainakin kovin hyvin. Minun olisi tarvinnu mennä lääkäreitten tykö ja puhutteluun, mutta Pirjo sano ettei se mittään tarttiskaan, jos se pääsisi liikkeelle. Että se on sänkysä. Sitten ne kävi täälä kotona. Kylä täälä suhtaannuttaan oikein mukavasti, ei mulla kumminkaan mittään moitteita o minkään päin.

– Jos olisi Australian kansalainen, saisiko sitä enemmän?

– Noit on hokenu sitä, että saisi.

Katsellaan Hymy-lehtiä ja nappaillaan olutta. Hilkka vaikuttaa väsyneeltä, hänellä on aikainen lähtö taas aamulla töihin. Pirjo on muuttamassa uuteen asuntoon kaupungilla poikansa kanssa, miehen olinpaikasta ei ole tietoa. Oli vain lähtenyt eikä kiinni ole saatu. Valtio kuitenkin tukee niin että Pirjo ja poika tulevat toimeen. Mies on voinut muuttaa toiseen osavaltioon ja silloin on Australian kokoisessa maassa lähes mahdoton löytää.

Jutellaan australialaisten moraalista.

– Kylä se sammaan kai ajjaa vissiin, sanoo Topi. Tää on muuttunu kaikki, mutta sammaan se ajjaa. Joka saatanan Mirror-lehdessä on heti ko sivua kääntää, niin siinä on puolialaston tyttö heti bikinit jallaasa kyllä.

– Suomessa ei ole monissa lehdissä niitä bikineitäkään enää.

– Joo joo nekin on pois jo ne. Saa ollakin poissa niin. Mää en tykänny poikasenakan ollenkan että plikalla oli bikinit.

– Nehän sannoo että Suomessa ei tytöt enää käytä housuja ollenkaan, sanoo Pirjo.

– Semmostakin ne väittää täälä monet, semmoset kun tullee Suamesta. Mutta eeeei, pakkanenhan se purree peijakas, juttua vaan. Ei ne kylä Suamesa, paljaalla perseellä siälä lumihankesa lipo, ei ne siihen mee. Ne on kaikki semmosia juttuja, sen sannoo jo pääkin. Kaikkea ne kirjottavat lehdisä, mitä lehmiin sekaantumisesta ja muusta, misä se oli Hymy-lehdessä vai misä. Vaikka emmää semmosta usko juu ...

– Joku se sano että lehmä olis muuten mukava, mutta on liian pitkä matka pusulle. Hilkka on kuullut jutun työpaikallaan.

– Juu juttuja semmosia kaikennäkösiä ... niinko joku sannoo, että kuinka kamalan kurja maa toi Suami ollenkan on. Sitten toinen taas sannoo, että se on niin helkkarin hyvä maa. Mihinkä täsä sitten uskot. Ei se Suami mikkään kurja maa o, paljon siä ihmisiä assuu ja ellää ja nätti hyvä maa Suami on, en minä ikänä hauku. Mutta toiset valehtelee niinkun ittellensäkin, uskoo ittekin sitten kun monet haukkuu Suamesa.

Mistäs se sitten johtuu?

– Se on semmonen, kon että minä oon ny siältä lähteny poies tänne nin sitä sitten haukkuu. Mutta kun lähtee täältä pois niin haukkuu siälä taas Austraaliaa. Se on semmosta ittensä narraamista, valehtelemista ittellensäkin. Kon tullee huanosti toimeen moni, sitten jollain lailla pääsee pois, nin sitten haukkuu tän maan taas.

Puhutaan taas Punkalaitumesta, kuinka Kultaska joskus kirjottaa ja kuinka ihmiset on muuttaneet pois ja kuinka keskustaan on tullut uusia taloja, kerrostalojakin. Mutta on joitakin paikallansa, on vielä Uutton kauppa ja Pärnistön, vaikka kuppilaa ei enää olekaan. Ja Punkalaitumen Sanomat tulee edelleen ja Helariutta pitää kirjakauppaa vaikka sitä hoitaakin nyt Jussi, joka on naimisissa opettajan kanssa. Ja Syrjälä, jonka pihalta Hakalat lähtivät Australiaan on paikallansa, mutta tekstiilien lisäksi myydään pihalta maatalouskoneita. Topin kysymyksiin on vaikea vastata kun itsekin on ollut poissa Punkalaitumelta lähes kymmenen vuotta ja joskus enää vain käynyt.

– Onko tullut mieleen että lähtisit takaisin Punkalaitumelle?

– Se on semmonen vähän huano juttu työsuhteisa ja kaikesa. Että vaikka olis terveempikin nin siä on niin vähän sitä työmahrollisuutta. Mulle aina sanottiin, että sää oot Punkalaitumelta, rikkaalta paikkakunnalta. Kas ko ennen vanhaan laskettiin rikkaaks pitäjäks maanviljelijöistä, kun oli maanviljelystiloja ja muita. Mutta kylä siä työmiehellä vähän semmosta huanoo on. Kyllä se kans noloo on kun tonne hätäaputöihin pistetään eri paikkakunnille miäs menemään. Tottakai siälä Punkalaitumella oli paljon ammattityäläisiä jokka ei halunnu paljon töitä tehrä, mutta paljon oli jokka tartti tyätä ja oli perhe ja muuta ja siitä joutu pitkälle matkalle hätätöihin. Siä oli talvella tyät nin vähisä. Minun täytyy sannoo, emminä sitä leuhki että mulla aina oli jottain, mulla oli siinä kauppiaita ja kaikkia semmosia ja mää kotiokin tulin, tein semmosta piäntä remonttia. Kylä riitti tyätä ja viaraassa paikkakunnassakin riitti.

– Koti-ikävää ei sitten ole?

– Kun mää en ossaa sannoo oikein mitä mää ikävöittisin. Kun Punkalaitumella ei oo oikein mittää mitä siältä ikävöittee. Mää en sitä rymättyläistä pitkäpäistä silakkaakan oikein ikävöitte. Pualukat on ja pualukkopuurot sun muut, mutta täälä on vastaava marja toi hapan luumu, siitä saa vispipuurot sun muut. Niinko näät pualukat mitkä tulee Suamesta ja Ruotsista, niisä on liian paljon sokeria, ettei voi plätinkän kansa ottaa, kun mää en muutenkan nin makkeesta tykkää. Tars olla vähän hapanta semmosta nin olis kauhian hyvvää.

– Kyllä musta sulla paremmat olot olis Suamessa, sanoo Pirjo.

– Mihinkäs siä lumihankesa konttaat?

7. Suomalaiskundit Sidneyssä

Sidneyn King's Cross on paikka, josta Australiassa puhutaan suurena huvielämän keskuksena, synnin soppena. King's Cross on australialaisille samaa kuin Hampurin Reeperbahn tai Lontoon Soho, siellä ovat Australian punaiset lyhdyt ja huonomaineiset talot, joissa saa päiväannoksen pornoa. Ja sopivilla järjestelyillä voi itsekin osallistua synnintekoon.

King's Crossista puhutaan etukäteen niin paljon että siitä odottaa jonkinlaista hekuman helvettiä, missä pelit soi ja perseet keikkuu. Kun Crossille sitten illalla tulee, pettyy.

Kadunpätkä, jossa toki on baareja ja ravintoloita ja tyttöjä sen näköisinä, ja sisäänheittäjiä, jotka ovat valmiita nyhtämään taalat taskuistasi. Mutta siihenpä se melkein jääkin: käveltyäsi hetken aikaa olet taas rauhallisessa kaupunkiympäristössä, josta et syntiä juuri voi odottaa. Mitä nyt verhojen takana ehkä jotain puuhataan Australian väestön lisäämiseksi.

Mutta King's Cross on paikka, josta löytää suomalaisia. Vähän sivummalta, hotellin baarissa juodaan olutta siihen tapaan kuin Härmässä konsanaan. Tiskin äärellä sovitaan töihin tulosta rakennukselle, haukutaan Australiaa ja vähän tönitäänkin. Seinän vierellä olevalle penkille voi sammua ja herätä jonkin ajan päästä jatkamaan. Tunnelma on kuin hotelli Kallan karvahattupuolella takavuosina.

Redfernin kaupunginosa on toinen, josta löytää kaljakierteeseen sortuneita suomalaisia. Tai paremminkin viinikierteeseen sillä täällä on juomana plonkki, halpa viini jota saa hotellien pullo-osastolta eli ulosmyyntipuolelta. Lempinimensä on viini saanut äänestä, joka syntyy sitä pullosta kaadettaessa, plonk, plonk, plonk.

Istutaan aurinkoista iltapäivää Redfernissä. Pienen talon pihapuolella, jossa muutama suomalainen on korkannut päivän ensimmäisen plonkkipullon. Kaksi suomalaisista ei halua nimiään julki. Toinen heistä on yli 60-vuotias, käytetään hänestä nimeä Leni. Toinen on nuorempi, 30-vuotias – olkoon hän Inssi. Leni on tullut jo ennen toista maailmansotaa, Inssi vasta muutama vuosi sitten.

Näin kävi keskustelu Lenin kanssa:

- Oliko sodan aikana hankaluutta?
- Työleirille pistivät.
- Mistä syystä lähdit Australiaan?
- Mää tulin laivassa, ensin menin Englantiin...
- Eikun mistä syystä?
- Kokkolasta ...
- Mikä sun pani lähtemään?
- Mä tulin tähän maahan siks että saan vähän rahaa. Kummä sitten olin ollu kolme, neljä vuotta täsä maasa, mulla oli rahaa kyllä. Mää en yhtään ottanu ryyppyä enkä mitään. Sitkö se Suomen talavisota alako niin sitte ei päästetty mihinkään vaan mun piti tulla kansalaiseks. Mä olin sillon mainisa töisä, Aisasa. Sitten menin ...Jättivät sinne työkämpälle, halakoja hakattiin niin perkeleesti. Lähettivät toiseen paikkaan sitten mainiin ... mä olin mainisa töisä kaks ja puoli vuotta. Sieltä menin Länsi-Australiaan.
- Koska tänne Sidneyhyn sitten tulit?
- Minä oon ympäri Australiaa ollu joka paikasa, rakennusmestarina pitkän aikaa, kahdeksan vuotta.
- Semmosia höpinöitä, valehtelee vaan ... sanoo väliin Inssi.
- Kuka valehtelee, minäkö! Älä ny rupee mun kansa...
- Koska Sidneyhin tulit?
- Mä oon Sidneysä ollu ny pari kolme vuotta. Mä olin ennen täälä, mutta mä tulin takasin taas ...
- Onko sulla töitä nyt?
- Joo mää oon tuola ollut pari vuotta sekatyöhommissa. 67 dollaria viikko.
- Pidätkö nyt rokulia?
- Viime perjantaista alotin rokulin kun mulla oli vähän jotain tropelia, niin minä alotin rokulin siitä. Perjantai, lauantai, maanantai, tiistai. Eilen kävin lääkärillä, sain maksun kyllä. Shekki tulee niinkö perjantaina vasta. Tänään kävin taas William Streetillä siellä insuransoffisissa sielä. Mä kävin sielä eilen ja ne laitto mun lääkäriin iltapäivällä, mutta mä jouduin vartoon liian kauan, että olisin saanu shekin tänään kymmenen jäläkeen.

Leni on kooltaan pieni ja kasvoissa näkyvät vuosien jäljet. Ja plonkin. Shekistä on huolta, se on työttömyysavustus tai sosiaaliavustus tai sairausavustus, mikä milloinkin.
- Ootko ollut työttömänä?
- Oonhan mä ollu töissä.

Sidney on suuri kaupunki ja yksi sen ongelmista on liikenne.

– Eikun työttömänä! huutaa kaveri.

– Ei, mull on työ aina siinä. Mä meen huomenaamula taas takasin, varmasti on työtä ... Mä oon ollu kaksi vuotta samasa paikasa.

– Mitenkäs plonkin kanssa, onko vaikeuksia?

– Ei.

– Vittumaisia kysymyksiä tekee, nauraa kaveri.

– Ei siinä muuta hankaluuksia kun sais rahat riittään siihen vaan, sanoo Inssi.

– Siinä se onkin, saatana. Vähän tollanen, kato jos on lääkärisä niin kauan iltapäivällä kun mä tulin lääkäriin niin mä olisin saanu shekin kymmenen jälkeen tänä päivänä ...

– Onko tullut mieleen lähteä Suomeen jossain vaiheessa?

– Minä en lähde Suomeen. En mää lähe Suomeen.

– Mikset?

– Mull on farmi täsä maasa ja kaikkee ...

– Missä päin?

– Missä pääsä? Canberrasta vähän pohjoseen, joo.

– Millanen farmi se on?

– Lammasfarmi, joo.

– Onko sulla paljon lampaita?

– On sielä kolmetuhatta.

– Pari kolme helikopteria ja niin poispäin, sanoo Inssi.

– Älä viitti kuule nauraa mulle ...

– Tykkäätkö Australiasta?

– Mnnnnn eeeee

– Hän on Australian kansalainen. Tiedä siitä tykkääkö vai eikö, ei se pääse Suomeen enää, sanoo Inssi.

Lenillä alkaa plonkki jo olla vankasti hatussa. Kuulokin on huononlainen eikä viesti oikein tunnu menevän perille enää. Huomenna töihinmeno näyttää ainakin tässä vaiheessa epävarmalta, mutta onhan shekki tulossa.

Sattuneesta syystä – Hennessyystä – on Inssille dokaaminen parempi homma kuin työnteko, ja siinä menee paremmin aika

---

Inssi on istunut vieressä koko ajan, plonkkipullo on pysähtynyt kierroksellaan hänenkin kohdallaan, mutta liekö fysiikka kovempi, sillä Inssi ei paljon sammaltele.

– Oletko sä insinööri?

– Sekin jäi tulkinnanvaraiseksi asiaksi, että minä en sattuneesta syystä vastaa sellasiin kysymyksiin, mitkä menee henkilökohtaisiin kysymyksiin. Se on persoonallinen asia, olenko sitten vaikka professori. Minun mielestäni minä voin olla vaikka mikä tahansa. Meinaan minä olen myös professori määrätyssä ... no se ei nyt kuulu tähän yhtään ...

– Koska tulit Australiaan?

– Se oli 11. päivä ... venttas ny lenge Jaska vetää hengen ... toukokuun yhdeksäs päivä 1969.

– Mikä sua veti Australiaan?

– Ei mikään, minä vaan ...seikkailunhalu. Minä en ollu ikänä laivan päällä käyny tässä kurjassa maassa, missä tällä hetkellä olen, mutta tulin vaan ...

– Tulin, näin ja voitin, sanoo kaveri.

– Vini, vidi, vici. Mutta sattuneesta syystä se on toisinpäin. Tulin näin ja hävisin.

– Mitä hävisit?

– Elämäni, melkein koko elämäni.

– Mitä se meinaa?

– Tarkotan sillä sitä, että mun elämäni oli paljon rikkaampaa joka tavalla sinä aikana kun minä olin Suomessa, mitä se on tässä maassa ollu. Minusta on tullu melkein, voin sanoa, voin sanoa melkein että rappioalkoholisti tässä maassa. Riittääkö tuo vastaukseksi vai ei.

– Mikä siihen sitten on ollut syynä?

– Hennessyyn.

– Mutta Hennessyy on kallista täällä.

– Niinhän tuo on kylläkin, mutta alun perin se oli kyllä Hennessyyn vika mutta sitte se meni plonkiksi ja vaikka miksi tahansa, mutta .... Mitä muuta haluat tietää?

– Mihin hommiin sä tänne tultuas rupesit?

– Mä olin vähän niinkun suomalaisten nokkamiehenä tuolla rautatien puskassa ja ne anto mulle semmosen arvonimen kun the second flat operator, siis rautateillä, mutta sattuneesta syystä minä en kyllä viihtyny sielläkään kun pari kuukautta. Monta hemmetin hyvää hommaa minulla on ollut tässä maassa, mutta sattuneesta syystä vielä parempi homma on tuo dokaaminen. Ja siinä menee paremmin aika.

– Siellä puskassako se siihen repes?

– Kyllä se tais revetä jo vähän aikasemmin. Minä en muista koko matkasta yhtään mitään, kun minä tulin Suomesta tähän maahan. Minä en viitti sanoa mikä sen alun perin aiheutti, se on niin pitkä homma, että sitä on vaikea selittää. Se on melkein lapsuudesta saakka että aika ei riitä kertomaan. Sanotaan esimerkiksi että mä olin puolihullu, riittääkö tuo, siihen ei tarvita kun kaksi sanaa. Minulle se ei kyllä riitä vastaukseksi, mutta sinun nauhaasi kyllä, jos sattuneesta syystä pistät johonkin ...

– Onko sulla töitä nyt?

– No, minä otin tässä lopputilin, siitä on tuota, mikäs päivä nyt on, tuota eilen. Neljän tunnin lopputilin. Hommat oli niitä mitä tässä yleensä tekee nää sekapäiset työmiehet, melkein vastaa niinkun Suomessa sanotaan hätäaputöitä. Siis työttömyystöitä. Mä tein semmosia hommia kun sanotaan jackhammerissä, mikä se on, konevasara...

– No etkö sä tykännyt hommista vai mikä siihen tuli?

– Siinä tuli pieni propleema siinä vaiheessa, että mä kärähdin putkaan kaks kertaa perätysten. Lauantaina ja sunnuntaina mä jouduin putkaan ja mulla meni hermot siellä putkassa ja minä täräytin lopputilin.

– Mistä syystä putkaan jouduit?

– Mistä sitä yleensä putkaan joutuu. Jos juopumusputkaan joutuu, eiköhän sitä yleensä juopumuksesta silloin joudu.

– Millaista se on putkassa olo täällä?

– No se on hemmetin, hemmetin ... en viitseis sanoa sitä, mutta välillä hemmetin hyvä, mutta välillä täällä on semmonen staili, että jeparit varastaa rahat.

– Mistä rahaa nyt sitten saat?

– En minä saa mistään. Minä vaan olen ja pöristelen menemään.

– Saatko työttömyyskorvausta?

– Eheen. Mä yritin moneen otteeseen, mä yritin poliisien kauttakin että jos mä pääsen esimerkiksi johonkin hospitaaliin vähäksi aikaa huilimaan, niin sanovat vaan, että ai sinä olet suomalainen. Menet suomalaiseen AA-kerhoon, ensi torstaina se alkaa kello 7.30 ja alotat työt uudestaan. Että suomalainen ei tarvi mitään parantoloita eikä hullujenhuoneita. Ne on kovia työmiehiä, niin sanoivat. Ne pitää suomalaisista työmiehistä tässä maassa. Silloin kun ne yleensä töitä tekevät.

– Viihdytkö sä töissä sillon kun töissä olet?

– No voin sanoa etten ole viihtynyt töissä edes Suomessa enkä tässä maassa, koska mä en ole saanut sitä työtä mitä itse haluan. Ihan pikkulapsesta saakka minä olen halunnu social workeriksi ja kun en ole saanu vastaavaa työtä niin se on menny vähän pieleen siinä mielessä. Se tarkottaa niinkun sosiaalihoitajaa tai mikä sosiaalityöntekijä se on. Eihän tuollaiset sekahommat meikäläiselle...noo...onhan se nyt pakko olla siinä mielessä, että saa jonkun verran rahaa. Mutta ei ne millään tavalla kiinnosta.

– Sä olet aika nuori mies, miten sä aiot jatkaa?

– En tiedä, yritän tässä nyt, saisin ... Mulla olis yksi sellanen homma että mun tarvis kääntää noi paperit englannin kielelle, ne on varastanu mun paperit monta kertaa tässä maassa ja mä tilasin Suomesta uudet. Ne tarvis kääntää englannin kielelle ja ottaisin sitten laivaan jopin ja lähtisin sitä kautta reissun päälle. Minä en tosissaan viihdy tässä maassa.

– Oletko nyt miettinyt noita mahdollisuuksiasi?

– Olen ajatellut, monta monituista kertaa. Ja päätynyt siihen, että toivottavasti minä vielä joskus Suomeen pääsen ja jatkan opintojani siellä ja toivottavasti se elämä siitä vielä kirkastuu...Niinkun sanotaan suomen kielellä, että joskus se paistaa aurinko risukasaankin.

– Uskotko että pääset plonkista eroon?

– No siitä en nyt ole aivan sataprosenttisen varma. Kyllä mä plonkista eroon pääsen, kun pääsen tästä maasta, mutta jos se siirtyy sitten viinihommiin, sitä mä en tiedä.

– Mikä se on sulla hankaluuksien perussyy?

– Itsessäni, vaikka sitä en tarkkaan tiedä kuinka. Se on niinkun yleensä sanotaan minkä takia juo, helppo kysymys, mutta hemmetin vaikea vastata. Siis siinä mielessä että ei mulla pitäisi olla mitään sellasia henkilökohtaisia kokemuksia että sen takia joisin, mutta vaan dokaan ja dokaan, se menee automaattisesti. En tiedä mikä siinä syynä on.

– Jos sä sitten saat työpaikan, pystytkö katkaisemaan juomisen siksi aikaa? Onko sulla plonkkipullo töissä?

– Se on kyllä harvinaista että minä olen humalassa ollu töissä. Mutta sitten työajan jälkeen minä voin kyllä dokaa kuinka paljon hyvänsä. Ja siitä johtuu tää meikäläisen dokaaminen. Kun se saa työmaan, se sitä dokaa illalla ja sitten esimerkiksi minulla henkilökohtaisesti tulee niin karmea krapula, että mun on saatava krapularyyppy. Ja sitten tulee rokulia se seuraava päivä. Se on siinä.

– Mistä kaikkein vähiten Australiassa pidät?

– Taas on semmonen kysymys että tuohon on hemmetin vaikea vastata.

– Sano vaan suoraan, että poliiseista, pistää kaveri väliin.

– En sano niinkään, ne on mua auttaneet hemmetin paljon viime aikoina ... Emmä tiedä, mun on melkein sanottava että se mistä mä kaikkein vähiten pidän, niin omasta itsestäni. Itse minä olen mistannut meinaan kaikki asiat. En minä Australiaa siitä syytä.

Iltapäivää istutaan Kaartisen Taunon kämpässä. Huone on pieni,
muutaman neliön suuruinen, niin että meitä siihen viisi mahtuu.
Tauno oli pitkällään kun tultiin, luki lehteä, mutta nyt istutaan rin-
gissä ja Tauno napsii pieniä siivuja Lenin ja Inssin kanssa plonkki-
pullosta. Tauno on bussikuski Helsingistä, lähti Australiaan nähdäk-
seen maailmaa, vaikka sitä ei sen kummemmasti sitten sano näh-
neensäkään. Perhettä ei Taunolla ole, ei ollut lähtiessä eikä ole tullut
täälläkään hankituksi.

– No ei ole semmosta komeeta naista löytynyt.

– Eikös niitä ole Australiassa vaikka kuinka paljon?

– Mutta ei ole oikein herkkiä kuule. Kato ku ne maksaa kymmenen
ja kakstoista taalaa kerta niin ... ne on kalliita ne tytöt täällä. Ja sitten
on niin että Australiassa on naiset vähän ronkeleita, eikö ole Inssi asia
näin.

– Miten niin?

– Sitä mä vaan, että ne on vähän niinko rahan perään ...

Tauno vaikuttaa iloiselta ihmiseltä, joka ei ota maailmaa otsa ry-
pyssä. Eikä plonkkiakaan yhtä välttämättömän vakavasti kuin Leni
ja Inssi. Pullo kyllä kallistuu, mutta ei samalla tavalla kuin Lenillä,
jolle juomisen hetkellä ei näytä muuta maailmassa olevankaan.

– Onko sulla ollut plonkin kanssa vaikeuksia?

– Jaa, siinä tulikin vähän visainen juttu. Kyllä mä olen sitä joskus
yksikseni funtsannu että siinä on vähän vaikeuksia tullut, niinkun
nytkin tuli rokulipäivä tänään. Mutta ei siinä nyt sen suurempia vai-
keuksia, että kyllä sitä ilmankin pystyy oleen. Toinen sanoo, että
ilman tupakkaa hän ei tule toimeen, mutta minä pystyin lopettamaan
tupakanpolton. Mutta plonkkia minä otan joskus.

– Tuleeko rokulipäiviä usein?

– Tää on ensimmäinen kolmeen kuukauteen. Olin tuttujen kanssa
kapakassa ja otin siinä pari lasia kaljaa ja sit ajattelin että ostan pullon
plonkkia ...

Tauno on ollut monissa hommissa sen jälkeen kun vuonna 1967 tuli
Australiaan. Kirvesmiehenä ja puuvillanpoimijana: – Tuolla Queens-

landin rajoilla kun aurinko paistaa niin että päälaki palo, perkele. Kuokka olkapäällä käveltiin ja sitten kun näky joku rikkaruoho niin sillä kuokalla piti napata se pois.

Taunon hommat rautatehtaalla päättyivät kuitenkin äkkinäisesti:

– Kato se oli semmonen juttu, että mulla oli italialainen kaveri. Hänen kuulu viilata ratakiskon päät, jos siellä oli semmosta kraavia, tiedätkö semmosta kun sorvista tulee. Mulle ei olisi kuulunut muuta kuin kääntää kisko nurin. Katos kun inspektori tarkasti ne – niitä oli aina suurin piirtein kuuskyt kiskoo jonossa ja ne piti pistää kaikki nurin ja se oli rankka jopi. Sitten mun piti pistää ne alassuin ja sitten se tarkasti ratakiskon pohjat. Ja taas mun piti kaataa ne nurin – mulla oli semmonen saatananmoinen iso tanko millä mä niitä vippasin aina. Sitten mun piti nostaa ne pystyyn ja siinä olikin kuule ...ratakiskohan on 45 jalkaa pitkä. Mun ei olis kuulunu tehdä mitään muuta. Tämä oli tämä viinihäntä, se italialainen viilari, seiso takana ja hymyili. Se viinihäntä työnsi mulle semmosen kahden gallonan ison maalipytyn ja sano että maalaat keltasiks nuo kiskon päät mitkä ruksataan, mitkä on oolrait. Mä työnsin purkin sille italialaiselle ja sanoin että se ei ole mun jopi. Pomo otti sen maalipytyn italialaiselta ja työnsi mulle uudestaan. Mää työnsin sen italialaiselle ja sanoin että se on sun jopi, niinkun olis ollutkin. No italialainen työnsi taas mulle sen. Minä otin penselin iisisti pois, pistin viereen sen ja sitten paiskasin pytyllisen pomon turpaan. Siell olisi ollu niinkun viis päivää irtisanomisaika, mutta mulla ei ollu kun kakskyt minuuttia. Tuli potkut.

Vuonna 1968 tuli Tauno Sidneyhin, on rautateillä töissä parastaikaa, ollut kolme kuukautta. – Teen kaikenlaisia leiporin hommia, välillä ratakiskon vaihteita rasvaan, välillä oon luuta kourassa. Kaikenlaista tommosta apuhommaa.

– Oletko hommaasi tyytyväinen?

– No kyllä mä muuten oon tyytyväinen, mutta palkkaan en. 63 taalaa (vajaat 400 mk) viikko ja siitä pois verot niin että käteen tulee 55 taalaa. Huoneesta maksan seitsemän taalaa, kaappi on ja pöytä ja sänky. Enkä mä muuta tarvitsekaan. Ja sitten musta koira on ...

– Mitä tykkäät Australiasta?

– No. Kuinka ton nyt sanoisin. En minä tuota oikeastaan voi moittia tätä. Sikäli että täällä ei ole koskaan talvi eikä pakkanen. En minä voi moittia. Nimittäin olihan mulla Suomessakin kämppä ettei tarvinnu veneen alla nukkua, eikä missään, että aina mulla oli asunto kyllä. Täällä on sikäli kyllä hyvä, että täällä ei koskaan tarvi pomppaa ostaa eikä karvalakkia, että siitä tää on olrait.

Inssi oli kertonut pitkään karvaista kokemuksista poliisien kanssa, hänestä poliisit ovat gangstereita, jotka vievät putkaan joutuvilta rahat ja jättävät taalan taskuun. Poliisitilannetta tarkasteltaessa päästään kuitenkin toiveikkaaseen tulokseen – kaupunkiin on saatu uusi tanskalaissyntyinen poliisipäällikkö ja asiat näyttävät kulkevan parempaan suuntaan. On Taunollakin kokemuksensa poliisista:

– Olin tässä kolme kuukautta sitten poliisien kanssa tekemisissä. Silloin mä en ollu humalassa, mutta mulla oli tommonen pullo. Tässä puistossa, tässä Redfernissä. Yhden tutun kanssa ryypättiin siinä viiniä ja mä näin kun poliisit lähti tuleen, ne oli jalkapoliiseja, käveleviä poliiseja. Kaksi jeparia tuli, perkele. No minä kiihdytin vauhtia ja jeparit kiihdytti vauhtia. Tää kaverihan käveli omaa vauhtiaan, ne otti sen ensin kiinni ja se toinen jepari lähti juoksemaan. Minä en lähtenyt juoksemaan, kiersin vaan puiston ja kun se otti minut kiinni se sano, että mitäs varten sinä lähit poliisia karkuun. Mä sanoin, että enhän minä karkuun lähtenyt. Juu, no mennään tähän Redfernin poliisiasemalle ja kaveri joutu heti häkkiin. Mää meinasin mennä siihen samaan niin se poliisi nappas minuu olkapäästä ja sano että älä sinä sinne mee, että tuu tänne takahuoneeseen, että keskustellaan. Heti lyötiin kauhee muki mun eteen ja sanottiin että juoksä teetä. Mä sanoin joo. Ja sitten semmonen saatananmoinen sokeriastia. Kaveri joutu putkaan, kun sillä oli ollut vähän sitä miesten juokkia. Mulla oli tämmönen plonkkipullo vaan. Ne sano että ne haluaa tarkastaa mun rekordin. Mä sanoin että senkun tarkastatte. Minä sitten annon nimet ja kaikki siinä ja ne soitti sitten tonne pääkallonpaikalle ja sieltä sanottiin, ettei tällä herralla ole oikeastaan mitään rikettä, niinkun ei ollutkaan. No sitten se poliisi sano, että Tauno, saat lähtee ulos. Sitten mä muutaman viikon päästä menin ostamaan sipsejä tosta kaupasta. Se sama jepari oli siellä ja sano hauaajuu Tauno? Minä löin sitä jeparia olkapäälle tällä tavoin ja sanoin hauvaajuu, mitä sulle kuuluu. Ja se alko nauraa ...

Tauno Kaartisen kämpässä on iltapäivää viettämässä myös Erkki Hiltunen, kotoisin Sotkamosta, iältään 30-vuotias. Erkki istuu lattialla oven vieressä, kun muualla ei ole tilaa, ei puhu paljon eikä koske pulloon. Juuri Erkin kanssa ollaan tänne tultu, käytiin ensin häntä katsomassa jokunen kortteli tästä. Kiivettiin vuokrakasarmin pimeitä portaita ja käytäviä huoneeseen, jossa oli kaksi sänkyä ja pyöreä pöytä, muutama tuoli. Ikkuna pihallepäin ja sisällä hämärä, vaikka ulkona oli valoisaa. Istuttiin pöydän ääressä ja puhuttiin, pitkiin taukoihin tuli väliin herätyskellon tikitys.

Tämä on masentavimpia haastatteluja, mitä olen tehnyt kenenkään kanssa. Toivottomimpia.

– Missä hommissa Suomessa olit?

– Minä olin Tikkurilassa ollessa rakennuksilla pääasiallisesti.

– Mistä sait päähäsi lähteä Australiaan?

– En minä vieläkään tiedä minkä takia minä oikeastaan lähdin. Tuli päähän ykskaks vaan, että täytyy lähteä. Ja sitten kun tämä matka ei paljon mitään maksanu niin sekin vaikutti.

– Oliko sulla töissä jotain hankaluuksia vai ...?

– Ei mulla mitään hankaluuksia ollu siellä töissä. Lähdin vaan katsomaan muuten tänne.

– Saitko Suomessa hyvin rahaa?

– En minä paljon saanut siihen aikaan. Minä tulin velipojan kanssa tänne, mutta hän lähti kaksi vuotta sitten takaisin Suomeen.

– Sinä jäit.

– Minä jäin kun ei ollut rahaakaan lähteä.

– Mitä ensin täällä teit?

– No, minä tuota ensiksi menin autotehtaalle hommiin, olin siinä jonkun aikaa, yhdeksän kuukautta. Sen jälkeen olen vähän väliä niitä työpaikkoja vaihdellu....

– Eikö se ensimmäinen paikka ollut hyvä?

– Oli se hyvä, mutta ei minua ole se työnteko oikein koskaan kiinnostanu.

– Mihinkäs sitten?

– Sitten menin Fordille töihin ja olin siellä jonkun aikaa. Ja niitä on kymmeniä työpaikkoja ollu sen jälkeen sitten ...Tänään kävin ottamassa taas yhden työpaikan jousitehtaalta, huomenna aloitan. Se on sellaista kuumien jousien käsittelyä, aika huono homma.

– Menit kuitenkin.

– No täytyy mennä. Ei oo rahaa muuten, jos ei mene töihin välillä.

– Antaako ne sulle välillä jotain työttömyyskorvausta tai jotain?

– Minä olin joulun aikaan muualla töissä ja tulin tänne sitten ja sain työttömyysavustusta neljä kuukautta, mutta sitten se loppu vähän ennen pääsiäistä, kun ne anto mulle työpaikan. Mä en menny sinne, ja se sosiaaliavustus katkes sen mukana kanssa. Sen jälkeen olen odottanut noissa päivän kasuaalihommissa, joissa saa palkan joka päivä. Aina silloin tällöin.

– Mikset sä sitten ottanut niitten osoittamaa työpaikkaa?

– En mä tuota noista autotehtaista oikein välitä. Ja sitten se olisi ollut tuollainen liukuhihnahomma ...se on aika huono ...Ikävystyttävää hommaa.

– Entäs tämä uusi?

– Minä en tiedä mimmonen homma tämä on. Tänään kävin kysymässä ja huomenna vasta näen millainen se on. Mutta kuuma homma se kuulemma on.

– Paljonkos sä sait työttömyyskorvausta?

– Se oli joka viikko 17 dollaria, mutta sitten se nousi ennen pääsiäistä 21,50 dollariin.

– Elikö sillä?

– Kyllä jos oikein pihisti elää, saa ruoan ja tämmösen halvan vuokran sillä maksettua. Vuokraa maksan seitsemän dollaria viikossa.

– Miten siinä päivä kuluu, kun ei ole työpaikkaa?

– Huonosti. Huonosti kuluu, kun ei ole mitään tekemistä. Tuolla olen käynyt toisia suomalaisia Hyde Parkissa tapaamassa joskus sillon tällön ja kävelly aina...

– Sä puhut englantia jonkin verran.

– En paljon.

– Saatko lehdistä selvää?

– En minä ymmärrä puoliakaan mitä lehdissä on, hyvin huonosti.

– Oletko sä yrittänyt opetella englantia vakavammin?

– En ole saanut sitä kiinnostusta siihen englannin kieleen.

– Eikös se olisi helpompi tulla toimeen?

– Olis, mutta minä oon liian vanha jo oppimaan uutta kieltä.

– Sosiaalityöntekijä Mowbray sanoi että nämä Redfernin suomalaiset pysyvät aika tavalla yksissä.

– Joo, niin ne on, tapaavat toisensa tuolla yhdessä kapakassa aina iltaisin kaljoilla.

– Mitenkäs sitten, jos ei paljon palkkaakaan saa ja varsinkin jos on työttömyysavustuksella, mistä sitä kaljarahat saa?

– No siitä työttömyysavustuksesta, mitä siitä nyt jää, mutta ei siitä paljon kaljaan jää.

– Eikös se ole hankalaa?

– Joo, onhan se joskus aika hankalaa.

– Mitä silloin tekee?

– Kun tietäiski mitä tekisi.

Haluaisitko lähteä Suomeen takaisin?

– Ei mulla tuota oikeastaan enää tee mieli Suomeen. Silloin kun minä täällä olin pari ensimmäistä vuotta niin silloin ajatteli, että minä meen takasin kahden vuoden päästä. Mutta kun ne kaksi vuotta meni ohi, niin nytten minä ehkä mieluummin olen täällä.

– Aiotko sinä katsella tuollaista vakituista työpaikkaa?

– Olen minä ajatellut semmostakin, mutta en minä vaan pysy työpaikoissa ...

– Mistä luulet sen johtuvan?

– Se johtuu musta itsestäni. Minä en tuota ... olen liian lyhytjännitteinen ...

– Entäs jos saisi sellaisen työpaikan ettei välttämättä liukuhihnalle joudu, niin entäs sitten?

– Se riippus sitten taas mimmosta työtä se olisi.

– Mikä on sun ihannetyö?

– Minä olen kanssa sitä miettinyt monta kertaa, että mikä minua oikein kiinnostais. En minä vielä ole sellaista löytänyt, mitä minä oikeastaan haluaisin tehdä.

– Missä eri hommissa sinä sitten olet ollut, kun sanot että kymmenissä työpaikoissa?

– No minä olen ollut tehtaissa pääasiallisesti. Mutta en ole yhdestäkään työpaikasta pitänyt.

– Oletko maaseudulla ollut missään?

– Olen, nyt olin siellä Orangessa kirsikoita pikkaamassa, mutta mä en sieltä ollenkaan hankkinut paljon mittään. Kolme dollaria siinä saa päivässä. Ei siinä pärjää kokematon ollenkaan.

– Paljonkos tässä jousitehtaassa saa?

– Siinä on 65 dollaria viikko. Semmonen tavallinen tehdaspalkka.

– Onko sulla ollut kaljan kanssa vaikeuksia?

– Joskus olen juonut, mutta ei minulla ole vielä mitään ongelmaa kaljasta syntynyt. Juon sillon kun huvittaa ja voin olla juomatta.

Joistakin suomalaisista sanotaan, että kun niiltä työttömyysavustus loppuu, niin se on aina alaspäin menoa, ne asuvat parakeissa ja sillä tavalla. Eikö sua huoleta se lainkaan?

– Talbotin hostelissa niitä on asunut... Olen minä pari kertaa Talbotissa ollut ... mutta ei mua ole pahemmin huolestuttanut.

– Ajatteletko, että se huomenna selviää?

– Joo minä olen aina olettanut että ehkä se on huomenna paremmin.

– Onko se ollut?

– Samalla tavalla joka aika. Ei paremmin eikä huonommin.

– Mitä sä varsinaisesti elämiseltä odotat?

– En oikeastaan enää mitään odota. Että antaa mennä vaan päivän kerrallaan.

– Mikä sut sitten pitää käynnissä, että sä joka tapauksessa haet uuden työpaikan ja menet töihin sitten?

– No täytyy se aina jostakin hankkia se leipäraha ja vuokraraha ... on pieni pakko.

– Mitä sä pidät Australiassa?

– No kyllähän tämän sietää.

– Mutta et tykkää, että on hyvä maa?

– En minä pidä tätä ollenkaan hyvänä maana, Australiaa. Mutta täällä nyt viihtyy ja tulee toimeen jollakin tavalla.

– Tulisiko sitä Suomessa paremmin toimeen?

– Minä olen sitä miettinyt ja olenkin sitä mieltä, että Suomessa tulisin paremmin toimeen. Mutta minä olen täällä ollu jo näin kauan aikaa niin antaa mennä loppuun saakka täällä sitten ...

– Mitenkä kauan siihen loppuun saakka menee?

– En tiedä.

– Kymmeniä vuosia?

– Ehkä.

– Eikö se tule hankalaksi?

– Ei, sitä on tullut niin välinpitämättömäksi oikeastaan kaikkia asioita kohtaan.

– Oletko sä itsesikin suhteen sitten välinpitämätön?

– No en aina, joskus olen.

– Mitenkä täällä Redfernissä, auttavatko suomalaiset toisiaan, jos joku on pahasti pinteessä?

– Joo, ainakin mua on auttaneet liiankin paljon.

– Mitenkä niin?

– No tää esimerkiksi Koivulan Paavo, hän on maksanut mun vuokran, ostanut ruoat ja kaikki ...

– Oletko joutunut poliisin kanssa tekemisiin?

– Ainoastaan ...no, en ole minkään tuollaisten juopumusten takia tai tuollaisten ...ainoastaan yhden takia, kun mun kaveri teki itsemurhan niin silloin mä jouduin oikeuteen siitä, kuulusteltavaksi. Hän teki mun asunnossa itsemurhan.

– Mistä syystä hän itsemurhan teki?

– Mä kaksi vuotta tunsin hänet, hän aina puhu itsemurhasta. Sitten viime heinäkuussa hän teki itsemurhan.

– Mitenkä yleistä se on esimerkiksi täällä Redfernissä.

– En minä tiedä olisko niitä kovinkaan paljon. Minä tiedän tämän yhden tapauksen ainoastaan.

– Pidätkö yhteyttä Suomeen?

– No kotiin olen kirjoittanut joskus. Muutaman kirjeen vuodessa.

– Kirjoittaako ne?

– Kyllä ne vastaa.

– Millanen kuva sulla on, haluaisivatko ne sun tulevan takaisin?

– Kyllä ne haluais, mutta ei mua enää oikeastaan haluta mennä takaisin sinne. Jos minä rahaa saan niin paljon, niin kyllä mä ehkä menen käymään siellä. Mutta minä luulen, että tänne tulisin takaisin.

– Haluaisitko sä muuttaa täältä Sidneystä jonnekin, esimerkiksi maaseudulle?

– Joo, mutta en minä luule että se siitä paranee vaikka liikkuis paikasta toiseen ...Ainahan sitä on rahattomana kuitenkin, että ei se siitä kummene.

– Mutta esimerkiksi Mount Isassa ne saa enemmän rahaa, vaikka työ on kyllä sitä kovempaa.

– Olen minä sitäkin ajatellut, että siellä sais sitä rahaa enemmän. Mutta mitä virkaa sillä liialla rahallakaan on? Eikä mua raha niin paljon kiinnosta.

– Mikä sua kiinnostaa?

– Minä en osaa sanoa siihen mikä mua kiinnostaa.

– Tapaatko sinä suomalaisia tyttöjä?

– En ole tavannut kovinkaan monta.

– Entäs australialaiset?

– En minä saa näihin australialaisiin kontaktia. Minä yleensä saan ihmisiin hyvin huonosti kontaktia, ehkä minä en oikein haluakaan. Sitten on haittana kun minä en osaa tätä englannin kieltä.

– Entäs jos tytöille haluaisi mennä?

– Täällä on nuo Suomi-tanssit ja muut, mutta en minä niissä ole monta kertaa ollut. Mulla on semmonen kuva, että niissä vain ryypätään eikä paljon muuta tehdäkään.

– Oletko sinä enemmänkin yksinäinen, että sinua ei tällaiset yhteydet huvitakaan?

– Joskus sillon tällön haluaa olla ihmisten seurassa. Mutta minä myös viihdyn yksinkin aika hyvin.

– Onko sulla radiota tai televisiota?

– Ei ole nytten mitään sellaista.

– Saatko sä sitten tietoa maailmasta mitään kun et näitä Australian lehtiä ...?

– Mä olen koittanut sanakirjan avulla ottaa asioista selvää, ja luen sitten ne mitä ymmärrän. Mitä en ymmärrä jätän lukematta.

– Saako siitä kuvaa mitään?

– Joskus saa kuvan, joskus jää hyvin epäselväksi.

– Onko sua kaduttanut tänne tulo?

– No ei ihan suoranaisesti kaduttanut, mutta minä olen nytten tottunut tähän. Että minä olen täällä ja olen nytten täällä sitten kanssa.

– Onko siinä sitten ylpeyttä, ettei halua mennä takaisin Suomeen?

– Ei siinä ole ylpeyttä, mutta minä olen ajatellut näin, että jos minä menisin Suomeen ja että hankkisin sen matkalipun hinnan niin luulen, että en sielläkään olisi kovinkaan tyytyväinen.

– Entäs sitten, kun täällä kaikki näyttää haluavan auton ja talon ja tällaista ... haluaisitko sinä auton?

– En. Mitäs minä sillä tekisin, rahattomana. Tulee liian kalliiksi auton pitäminen.

– Entäs talo?

– Jos mulla olisi rahaa niin laittaisin talon. Mutta työllä minä en rupea sitä hankkimaan.

– Oletko ajatellut perhettä hankkia?

– Olen. Mutta en köyhänä.

– Mutta kun näistä hommistakaan ei näytä niin kovasti rahaa saavan, niin näyttääkö se siltä että sä perheen pystyt hankkimaan?

– Mun täytyy ensin hankkia hyvä taloudellinen asema itselleni, tai siis tommonen varma työpaikka.

– Luuletko että pystyt sellaisen hankkimaan?

– En tällä hetkellä.

– Muuttuuko paremmaksi?

– Uskon että ehkä kymmenen vuoden perästä ja sillä tavalla.

– Pitkä aika vielä.

– Niin on, mutta tässä on aikaa.

– Mistä sinä Australiassa pidät?

– Minä en tuohon osaa sanoa oikeastaan mitään, mistä minä pidän täällä. Se on mulle ihan samantekevää molemmin puolin. Minä täällä jollakin tavalla viihdyn, mutta en minä täällä oikein pahojakaan puolia näe enkä oikein hyviäkään puolia. Tämä on paikka missä asuu.

8. Suomalaisten yhdistäjät

Siirtolaispappi on sekatyömies, eikä palkastakaan ole aina varmuutta

Suomalaisia Australiassa pitää yhdessä kolme merkittävää tekijää: Suomi-seurat, seurakunnat ja Brisbanessa julkaistava Suomi-lehti, joka leviää suomalaispiireihin kautta koko mantereen. Nämä kaikki menevät jossain määrin päällekkäin; Suomi-seuralaisia on seurakunnissa ja päinvastoin, ja Suomi-lehti välittää tietoa tasaisesti paitsi seurakuntalaisille ja Suomi-seuralaisille, myös niille jotka ovat kumpienkin ulkopuolella.

Esko Oikarinen on siirtolaispastorina Canberrassa. Pappila on matala punatiilinen, lähellä kappelia jossa jumalanpalvelukset pidetään. Vuoden 1973 kevätkesällä on seurakunta ollut toiminnassa kaksi vuotta, se aloitti nollasta, mutta jäsenmäärä on vähitellen alkanut kasvaa. Istutaan Oikaristen kahvipöydässä ja jutellaan kaikennäköistä, Oikarinen kertoo miten silloin tällöin tulee ihmisiä, jotka odottavat, että heidät ilman muuta majoitetaan ja kaikin puolin hoidetaan ja huolletaan. On muodostunut perinteitä, että ihmiset ajattelevat pappilan olevan aina käytettävissä, pappilan peräkamarissa riittää tilaa perheelle ja sieltä saa ruoan ja sieltä opastetaan toimistoihin ja työnhaussa ja asunnon etsimisessä ja lääkäriinmenossa ja niin poispäin. Oikarisen pappilassa on peräkamari ja ilmeisesti myös näihin perinteisiin on totuttu, toisin sanoen kysyjää ei käännetä pois.

Seurakunnan toiminta perustuu toisenlaiseen järjestelmään kuin Suomessa. Suurin osa toimintaan tarvittavista rahoista tulee avustuksista: Suomen evankelis-luterilainen kirkko antaa avustusta joka pienenee vuosi vuodelta. Australian evankelis-luterilainen kirkko auttaa hieman ja loppu on sitten katettava itse hankituilla tuloilla. Seurakunnan naiset ovat toimineet, osa rahoista on tullut kolehdeista ja seurakunnan miehetkin ovat talkoilla järjestäneet tuloja toiminnan takaamiseksi.

Esko Oikarinen sanoo siirtolaispastorin olevan eräänlaisen sekatyömiehen: – On tehtävä kaikkea mitä tilanne vaatii, mitä ihmiset odottaa ja toivoo ja pyytää, sanoo hän.

– Onko siirtolaispappina olo vaikeata?

– Se on raskasta, varmasti raskaampaa kuin Suomessa. Voi olla että joku vahva ja energinen pappi ei kokisi tätä työtä niin raskaana, mutta jos on varsinkin nuori ja ehkä herkkä, niin kyllä tämän työn kokee raskaana. Siinä on tietysti monia muitakin tekijöitä kuin työn paljous. On yksinäisyys, että on ainoa suomalainen pappi monen sadan mailin säteellä, on vaikea löytää sellaista keskustelutoveria, jonka kanssa voi täysin kaikissa asioissa kommunikoida. On siis aika tavalla yksinäinen. Tämmöiset tekijät tekevät työn raskaaksi. Sitten se tekijä, joka itse asiassa oikeastaan on hyvä puoli tässä Australian seurakuntatyössä, on se että kaikki ei ole itsestään selvää, että kaikki ei pyöri niin kuin semmonen valmis mekanismi toimii. Kun Suomessa menee seurakunnan palvelukseen, on varmaa että saa palkan määräaikana, on varmaa että jumalanpalvelukset on kerta toisensa jälkeen, joka pyhä, kanttori ilmestyy varmasti paikalle ja suntio hoitaa takuulla tehtävänsä. Ja rahaa riittää. Mutta täällä ei ole mikään varmaa, ei ole varmaa saako seuraavan kuun palkkaa ajoissa – mekään ei olla saatu viimeistä – saattaa itse joutua hoitamaan suntion tehtävät ja itse saa hoitaa kanttoriurkurin tehtävät tai vaimo hoitaa monessa tapauksessa ne. Ja oikeastaan kaikesta on vastuu pohjimmiltaan ainakin alussa papin harteilla. Se tekee sen raskaaksi, mutta toisaalta tämä on hieno puoli tässä työssä.

Esko Oikarisen tullessa Canberraan hänelle sanottiin, että useimmat täkäläisistä suomalaisista olivat sulkeneet kirkon oven häittensä jälkeen, eivätkä sen jälkeen ole kirkossa käyneet. Sanottiin, että siirtolaispastorin toiminta on lähetystyötä, samanlaista kuin jossakin Afrikassa. Mutta Esko Oikarinen ottaa virkansa haasteena:

– Sitä se on. Minä jollakin tavalla turhaannuin Suomen kirkossa juuri sen takia, että minä olisin halunnut vähän toisella tavalla toimia pappina. Mutta ympäristön paine, ne valmiit urat olivat niin voimakkaat, että niistä minä en yksin päässyt irti.

– Millä tavalla olisit sitten halunnut toimia?

– Minä olisin halunnut päästä irti siitä normaalista kierteestä, johon kuuluu säännölliset tilaisuudet, kahvikekkerit, juhlat, juhlasta juhlaan, tilaisuudesta tilaisuuteen. Jollakin tavalla repäistä irti, mitkä tilaisuudet ovat tarpeellisia seurakunnan työn kannalta, mitkä eivät. Päästä uudella tavalla ihmistä lähelle. Että se työ olisi todellista, ei semmoista rutiininomaista sosiaalista ja siinä mielessä, että on mukava olla yhdessä taas kerran.

– Mutta eikös se juuri ole sosiaalista täällä?

– Se on toisessa mielessä sosiaalista. Siinä siis tosiaan auttaa hädässä olevia. Suomessa se sosiaalisuus on sitä, että ollaan yhdessä ja nautitaan. Täällä papin sosiaalinen työ on sitä, että tarve on monasti huutava, hätätilanne on huutava ja silloin tarvitaan ihmistä, jolla on sosiaalista mielenlaatua auttaa rahavaroillaan tai kielitaidollaan tai jollakin muulla.

Mielenterveys on koetuksella siirtolaisten keskuudessa ja miten henkiseen sairauteen saadaan apua

Siirtolaisella on edessään vaikeuksia heti uuteen maahan tultuaan. Hänen on löydettävä työtä, löydettävä asunto, opittava uuden maan tavat ja tottumukset ja sopeuduttava niihin, sillä hänen uusi ympäristönsä ei varmasti asettaudu hänen tapojensa mukaan. Maaseudulta johonkin Australian suurkaupunkiin muuttaneen on pystyttävä kattamaan kuilu, joka on maalaisyhteiskunnan ja kaupunkiseudun välillä – ja vieraassa maassa siihen tottuminen on huomattavasti vaikeampaa kuin kotona, jossa sentään puhutaan samaa kieltä. Toiset sopeutuvat, toisilla vaikeudet säilyvät ja saattavat muuttua hätätapauksiksi. Näissä tilanteissa monesti haetaan apua siirtolaispastorilta, kuten Esko Oikariseltakin:

– Esimerkiksi, perheenpää voi yhtäkkiä kadota. Hän ei kestä enää sitä tilannetta, että on rakennettu uusi kaunis koti ja rahat loppuu ja lainanantajat uhkaa, että ellei huomenna maksua tule niin talo siirtyy lainanantajien haltuun ja on muutettava pois. Viime tingassa isäntä lähtee ja katoaa jonnekin Australiaan, mistään häntä ei löydetä. Äiti ja lapset jää kotiin. Semmosessa tilanteessa suomalaisyhteisö aina järjestää jotain, tavallisesti järjestetään keräys, seurakunta tai Suomi-seura tai joku muu yhteisö sen hoitaa. Nämä keräysvarat ja tavarat toimitetaan perheelle ja yritetään heille hankkia sitten asunto, sen talon tilalle joka tietysti meni niille lainanantajille. Joku pienempi ja vaatimattomampi ja halvempi asunto. Jos vaimo ei ole ollut työssä, niin hänelle työpaikka ja siinähän sitten voi auttaa, että perheenäiti saa kaikki mahdolliset sosiaaliset avustukset, mitkä on mahdollista saada. Kun on huono kielitaito eikä tunne maan tapoja ja lainsäädäntöä, niin voi käydä, että joku leski tai vastaavassa asemassa oleva ihminen elää vuosikausia ilman jotain avustusta, jonka hän olisi oikeutettu saamaan. Sitten on tietenkin hyvin paljon erilaisia sairauksia, sekä fyysisiä että mielisairauksia... Tämä äskeinen esimerkki on niistä aviollisista vaikeuksista, joita on hyvin paljon. Onneksi joka kerta ei tapahdu niin, että perhe hajoaa, että voi keskustella aviopuolisoiden kanssa ennen kuin jompikumpi lähtee.

– Mistä tällaiset vaikeudet sitten syntyvät?

– Monessa tapauksessa on vaikeuksia ollut ilmeisesti jo Suomessa. Jotkut ehkä ovat ajatelleet näin, että vaihtaa maata ja maanosaa niin ehkä sitten ne avoilliset ongelmat samalla selviää. Mutta yleisesti näyttää olevan niin, että jos Suomessa on ollut vaikeuksia niin täällä ne sitten kaksinkertaistuvat. On ne sitten toimeentulovaikeuksia, aviollisia vaikeuksia tai mitä muuta tahansa.

– Mainitsit mielisairaudet. Esiintyykö tällaisia henkisiä vaikeuksia usein?

– Se on ymmärrettävää että niitä esiintyy suhteellisesti enemmän kuin Suomessa, koska ihmisellä ei ole täällä varsinainen kotinsa. Hänet on reväisty irti juurista, jotka on Suomessa. Kielimuuri on yksi hyvin suuri tekijä. Ja yksi yleisimpiä mieltä rasittavia sairauksia on täällä se kun ihminen tuntee itsensä yksinäiseksi, turvattomaksi. Hän ei pysty kommunikoimaan australialaisten kanssa, hän alkaa suhtautua pelokkaasti ympäristöönsä, epäillä, että jotakin suunnitellaan hänen kustannuksellaan. Kun ihmiset nauraa, niin hän ajattelee, että nauretaan hänelle. Eniten tällaisia vainoharhatapauksia on poikamiesten keskuudessa, joita Australian suomalaisisssa on hyvin paljon. He usein kuljeskelevat paikkakunnalta toiselle, ja he ovat luonnollisesti kaikkein juurettomimpia ihmisiä. Tämmöisissä tapauksissa useimmiten siirtolaispastorit yrittävät heitä auttaa lääkärin ja psykiatrin hoitoon ja monessa tapauksessa päädytään siihen, että on paras järjestää heille paluulippu Suomeen. Australian hallitus antaa ilmaisen lentolipun Suomeen, yleensä mieluimmin kyllä perheelle, mutta saattaa antaa poikamiehillekin. Australian hallitus tietää, että he saattavat joutua hoitamaan asianomaista henkilöä täällä kymmenet vuodet ja kustantamaan kaiken hoidon. Heille on halvempi ratkaisu lähettää tämä henkilö takaisin Suomeen – mikä on oikein myös minun mielestäni, koska asianomaiset itse haluavat sitä. Ja ehkä he voivat elää terveempinä Suomessa kuin täällä. Me joko suoraan viranomaisten tai Suomen suurlähetystön kanssa järjestämme heille matkan tai lähetämme siirtolaisviranomaisille anomuksen. Useimmissa tapauksissa, nimenomaan kun on kysymys mielisairauksista, niin perhe tai tällainen naimaton henkilö saa ilmaisen lipun ja sitten Suomen sosiaaliviranomaiset ottavat hänet vastaan.

– Onko sinulla tietoa siitä, onko tällainen mielisairauksien esiintyminen siirtolaisten keskuudessa yleisempää kuin varsinaisten australialaisten keskuudessa?

– Minä en ole tutustunut tutkimuksiin, enkä voi varmaa sanoa tästä asiasta, mutta olen melko varma siitä, että siirtolaisten – suomalaisten ja muitten – keskuudessa on enemmän mielisairauksia. Se johtuu juuri siitä, että ollaan kodittomia ja irrallisia. Ja vaikka olisi kotikin ja omaiset täällä lähellä, niin sittenkään ei ainakaan yhteiskuntaan kotiuduta niin hyvin kuin ne australialaiset, joitten esi-isät jo sata vuotta tai 50 vuotta sitten muuttivat tänne.

– Sattuuko sinulle usein tällaisia tapauksia? Onko ollut Canberrassa?

– Täällä Canberrassa on vähemmän kuin Sidneyssä ja Melbournessa. Tuntuu, että vaikeat tapaukset tai ne suomalaiset, joilla on eniten vaikeuksia, kerääntyvät suuriin kaupunkeihin kuten Sidneyhin ja Melbourneen. Ja useat heistä on löydettävissä esimerkiksi Sidneyn King's Crossin alueelta, missä on niin sanottuja puliukkoja, irtolaisia ja kaikenlaisia vaikeita sosiaalisia tapauksia. Sieltä löytyy monia suomalaisiakin ihmisraunioita, joita on oikeastaan mahdoton enää auttaa. Canberrassa – täällähän on vähän toista tuhatta suomalaista – sattuu aika harvoin mitään vakavampaa. Sanoisko ehkä yksi psykiatrinen tapaus keskimäärin kuukaudessa, selvästi psykiatrinen tapaus. Tietysti jokainen on enemmän tai vähemmän psykiatrisen tai sielunhoidon tarpeessa, mutta varsinaisesti sairauden asteelle Canberrassa ovat harvemmat joutuneet.

– Mitä siinä tekee, kun tulee joku joka on selvästi psykiatrisen hoidon tarpeessa, mutta ei puhu englantia?

– Siinä on oikeastaan selvä tie, jota edetään. Ensinnä yhteys yleislääkäriin ja tavallisesti jompikumpi, vaimoni tai minä olemme tulkkina. Vaikka nämä psykiatriset tapaukset ovat sellaisia, että kommunikaation pitäisi tapahtua lääkärin ja potilaan välillä tai psykiatrin ja potilaan välillä, on se mahdotonta tässä tapauksessa. Meidän täytyy olla tulkkina ja koettaa välittää mahdollisimman tarkkaan ajatukset ja vaikutelmat. Yleislääkäriltä sitten useassa tapauksessa saamme lähetteen erikoislääkärin luo, tässä tapauksessa psykiatrin vastaanotolle. Psykiatri sitten antaa lääkkeitä tai jos asianomainen on vakavasti sairas ja jos hän haluaa Suomeen, niin pyydetään psykiatrin

lausunto. Tämä toimitetaan anomuksen kanssa siirtolaisviranomai-
sille ja tällä tavalla anotaan ilmaista matkalippua Suomeen. Monessa
tapauksessa tosiaan psykiatrin ja lääkärin täytyy turvautua meihin,
jopa meidän omaan arviointiimme siitä onko kysymyksessä sairaus,
mikä sairaus ja kuinka vakava, koska kommunikaatiota potilaan ja
lääkärin välillä ei oikeastaan synny.

– Entä jos potilas ei halua Suomeen?

– Ei täältä väkisin lähetetä. Kyllä Australian yhteiskunta jollain
tavalla hoitaa kaikkia, jotka on otettu tänne vastaan. Häntä hoidetaan
lääkehoidolla ja jos tarvitaan sairaalahoitoa, niin ensimmäinen vaih-
toehto Canberrassa on yleisen sairaalan yhteydessä oleva psykiatri-
nen osasto, joka on hyvin miellyttävän tuntuinen hoitopaikka. Se on
avoin vierailijoille ja hyvin sellainen avoin ja lämmin ilmapiiri siellä
tuntuu vallitsevan, ja menetelmät tuntuvat olevan moderneja, sellai-
sia sielunhoidollisia näin papin näkökulmasta. Useissa tapauksissa
potilaat pääsevät sieltä muutaman viikon kuluttua kotiin. Heillä on
mahdollisuus jatkaa kontaktia tämän psykiatrisen osaston kanssa,
viikottain käydä siellä palaverissa, joissa on läsnä lääkäreitä tai aina-
kin hoitajia. Tiedän muutamia suomalaisia, jotka mielellään säännöl-
lisesti joka viikko käyvät siellä ja tuntevat, että se on heidän mielen-
terveydelleen hyvin tärkeätä: kontaktinmahdollisuus tavata saman-
laisissa vaikeuksissa eläviä australialaisia, joista on tullut monessa
tapauksessa ystäviä...

– Kuka tämän kaiken maksaa?

– Jokainen tietysti ensinnä maksaa lääkärinmaksut ja sairaalalaskut
omasta pussistaan ja riippuen siitä miten hyvä sairausvakuutus kul-
lakin on niin saa useimmissa tapauksissa suurimman osan takaisin.

– Entäs jos ei omasta pussista pysty maksamaan, eikä vakuutusta
ole?

– Minun täytyy sanoa että tällaista tapausta ei ole sattunut, että en
ole joutunut pohtimaan mitä tehdä. Muutamissa tapauksissa on au-
tettu yhteisillä varoilla henkilöä, jolla ei ole ollut varaa maksaa lääkä-
rinlaskuaan. Yleensä on lääkäri aina saatu, kun on tarvittu. Ja jos
lääkärinlaskut jää maksamatta, niin minusta tuntuu että lääkäri on
tyytynyt siihen – tiedän joitakin tapauksia – ja ajatellut, että saa palk-
kansa jostakin muualta.

– Mutta jos ei lääkäri tyydy, joutuuko potilas mahdollisesti sitten
vankilaan?

– Minä en tiedä, en ole ainakaan sellaista tapausta nähnyt.

Seurakuntalaiset ja Suomi-seuralaiset usein napit vastakkain – onko
syy ahdasmielisissä papeissa?

Onpa missä hyvänsä Australian suomalaisyhdyskunnista, törmää
tuon tuostakin seurakuntien ja Suomi-seurojen kitkaisiin väleihin.
Suomi-seuralaisten keskuudessa ajatellaan seurakuntalaisia tekopy-
hinä, seurakuntalaiset taas toisin paikoin pitävät Suomi-seurojen
puuhia synnillisinä, oluenjuonteineen ja tansseineen.

Esko Oikarinen on tietoinen ongelmasta.

– Niin kyllä sitä kitkaa on, enemmän tai vähemmän, se vaihtelee
kaupunkien mukaan. Ilmeisesti tässä kitkassa on historiallisia syitä.
Suomi-seurat ovat täällä toimineet kymmeniä vuosia ja suomalaisia
pappeja on ollut vuodesta -22 lähtien, jolloin Suomen Merimieslähe-
tysseura aloitti täällä työnsä. Seurakuntapappeja on ollut kymmen-
kunta vuotta ja viimeinen tuli – minä siis – noin kaksi ja puoli vuotta
sitten. Ilmeisesti on jo vuosia sitten tapahtunut jotain, joka on synnyt-
tänyt epäluuloja, loukannut jompaakumpaa osapuolta... en tiedä oli-
siko sitten kilpailua myöskin. Canberrassa on ollut ainoastaan Suo-
mi-seura; kun seurakunta tuli tänne ja täystoiminen työntekijä niin
ehkä Suomi-seura koki, että tässä on jonkinlainen kilpailija. Heidän-
kin jäsenistään osa liittyi seurakuntaan ja seurakunta järjesti enem-
män tilaisuuksia, koska täystoiminen työntekijä pystyy enemmän
järjestämään kaikenlaista. Minusta kuitenkin tuntuu, että ehkä tämä
keskinäinen kilpailu on aika vähäistä, eikä vaikuta tähän kitkaan
kovinkaan paljon. Minä luulisin, että kaikkein suurin kitkaa aiheut-
tava tekijä on se, että yleensä kaikilla paikkakunnilla on sellaisia kris-
tittyjä tai kristityn nimellä kulkevia, jotka ovat hyvin voimakkaasti ja
katkerasti arvostelleet Suomi-seuran työtä. Ja seuran jäsenet ovat
puolestaan vetäneet johtopäätöksensä, loukkaantuneet ja ajattelevat
ehkä, että koko seurakunta asennoituu samalla tavalla. Useimmissa
tapauksissa he tietävät kyllä, että kysymys on vain muutamista har-
voista ihmisistä, ehkä yksi, kaksi tai kolme paikkakunnalla, jotka
eivät lainkaan hyväksy Suomi-seuran työtä tai paheksuvat illanvietto-
ja, joissa tanssitaan ja joissa alkoholia tarjotaan. Nämä muutamat
ihmiset siis usein ovat syynä siihen kitkaan. Varmasti on useimmissa
tapauksissa niin, että seurakuntalaisten enemmistö ei millään tavalla
mustamaalaa Suomi-seurojen työtä ja suurin osa on jäseniä seuroissa.

(Näihin sanoihinsa pastori Oikarinen myöhemmin esittää varauksensa Suomi-lehdessä – sanoo kahvipöydässä tulleen lausutuksi asioita jotka eivät sinällään olisi kelvollisia painettavaksi, vaan ne olisi pitänyt muotoilla paremmin. Katson kuitenkin hänen olleen paljolti oikeassa ja niinpä ovat sanat tässäkin; miksipä asia muotoilusta muuttuu.)

Australiassa olevista suomalaisista siirtolaispastoreista puhutaan usein ahdasmielisinä, korkeakirkollisina ja jyrkkinä – näin sanovat maallikot, jotka eivät niin kirkossa käy. Mitä sanoo pappi?

– Minä ihmettelen sitä. Yleensä minulle on kerrottu vähän toisenlaista, mutta minähän olen pappi ja se vaikuttaa tietysti asiaan. On sanottu näin monasti minun kuulteni, että siirtolaispapit ovat vapaamielisempiä kuin ne papit, joihin ollaan tutustuttu Suomessa. Moni on sanonut – esimerkiksi erään paikkakunnan Suomi-seuran puheenjohtaja – eräälle arvovaltaiselle suomalaiselle tällaiset terveiset, että kyllä te lähetätte hyviä pappeja sieltä Suomesta, oikein sopivia näihin olosuhteisiin. Sanon siis tämän esimerkkinä, en kehuakseni itseäni. Minusta tuntuu, että ne jotka yleensä tuntevat seurakuntatyötä ja pappeja suhtautuvat aika lämpimästi ja myötämielisesti seurakunnan työhön.

Suomi on aika maallistunut maa, toisin sanoen uskonnollisuus merkitsee todellista asiaa melko pienelle väestönosalle. Muotoja noudatetaan kastamisessa, ripillepääsyssä, vihkimisessä ja maahanpaniaisissa, mutta muuten ei monikaan sen enempää kirkon ovia aukaise. Mitä nyt käy katsomassa Temppeliaukion kirkkoa turistina. Australiassa olevien suomalaisten keskuudessa on kuitenkin selvästi nähtävissä melko laajalle levinnyt harrastus uskontoon. Ihmisistä tulee uskollisia kirkossa kävijöitä, käännytään helluntailaisuuteen tai seitsemännen päivän adventismiin. Mistä kirkonmies ajattelee tämän johtuvan?

– Siinäkin on varmasti monia tekijöitä ja tärkein lienee se joka on jo mainittu, että ihminen tietysti täällä juuristaan reväistynä on jotenkin turvaton. Moni on kertonut tuntevansa olonsa niin turvattomaksi, että kaipaa jonkinlaista kotia. Ja seurakuntakin voi olla koti – hengellinen koti tai pelkästään sosiaalinen koti, jossa tapaa suomalaisia, joitten kanssa voi pitää yhteyttä ja tarinoida. Hyvin monessa tapauksessa siirtolaisen alkuelämän vaikeudet ovat ajaneet hänet seurakuntaan, mutta on ilmeistä, että sitten kun siirtolaiset paremmin pääsevät elämän alkuun, kun koti on pystyssä niin silloin seurakunta ei niin paljon enää merkitse.

Suomi-seuran tansseissa ei enää tapella

Tango soi kuin kotona konsaan Mount Isan Suomi-seuran lauantai-illassa. On haitari, basso ja rummut, laulusolisti ja liukas lattia. Seinällä Suomen lippu ja tunnelma muutenkin kotoinen. Puhvetin puolelta voi ostaa olutta ja miksei vahvempaakin ja keskustelu käy yhä kovaäänisemmäksi, mitä pitemmälle ilta kuluu. Sönkätäänkin vähän, kerrotaan vieraille Rauno Pankolasta, joka panetteli koko suomalaissiirtokunnan Australiassa. Perkele, sellaista et kirjoita, takaisin ei ole tulemista, jos niin teet.

Oven suussa istuu lippuja myymässä Kalevi Harjamäki, Mount Isan Suomi-seuran varapuheenjohtaja. Kale tuli Kuopiosta vuonna 1958, oli ollut Suezin joukoissa ja sai ajatuksen lähteä Australiaan siirtolaispastorin näyttämistä kuvista. Kale on ollut kokkina, jaartimiehenä, keittiömiehenä, sähkömiehenä ja nyt on asettunut kaivoshommiin Mount Isaan: täällä palkat miellyttää, ja täällä on pysynyt.

Tansseja Suomi-seura järjestää. Mitä muuta touhutaan?

– Me yritetään järjestää mitä pystytään. Nykyjään on menny aika latteeks nää touhut, siinä mielessä, että meillä on ollut kerran footnaitissa (joka toinen viikko) tanssit ja siihen se on melekein jääny. Mutta nyt yritetään, että saatas vähän virkeemmäks tätä, että saatas tota huvitoimikuntaa pystyyn enemmän. Että se rupeis tekemään näytelmiä ja ohjelma-iltamia. Meill on vaan nyt ollu tanssi-iltoja; ennen oli ohjelma-iltamatkin. Se on vaan jos sakilla riittää innostusta.

– Mistä se latistuminen johtuu?

– Se on vaikee sannoo. Ihmiset vaihtuu. Kaikki lähtee, ketkä on vähän ollu innostunu, lähtee kohta pois ja uutta pitäs saaha. No se kestää aikansa ennenkun ne ruppee toimimaan, siitä kai se johtuu.

– Monissa paikoissa sanotaan, että Suomi-seurassa saattaa porukka olla niin riitaista, että se ei pysty sen takia toimimaan.

– No meillä on kyllä aika yksmielinen porukka Suomi-seuran puitteissa minkä ainakin tämä vuosi (1973) on osoittanu. Meillä ei ole ollut mitään, me ollaan menestytty niin hyvin, että ei ehkä vuosiin. Meillä on menny oikein hyvin. Nämä viime tanssitkin oli oikein nambö uan. Olis tietenkin parikytä henkee saanu olla lisää ja sillon olis ollu oikein hyvin ...

– Joku kertoi että aikaisemmin saattoi näissä Suomi-illoissa olla neljä viisikin tappelua illassa. Mitenkä on nyt?

– No nykyjään ei enää tapella. Ja jos joku sanoo muutama vuos niin kyllä mä melkein sanon, että siitä on jo kymmenen vuotta. Se on jo jääny muodista pois.

– Tapellaanko sitten jossain muualla?

– Ei enää missään. Mä luulen että Suomi-seura on juuri siinä kantanut hedelmää, että ne alkaa jo vähän noudattaa sääntöjä, mitä me sanomme. Että jos me sanomme kun jotkut tulee tonksit jalassa – tiiätkö tonksit, sellaiset kumisandaalit – me sanomme että meeppäs paneen kengät jalakaan, että me ei vastata jos joku astuu sun varpaille. No ne lähtee, ne panee kengät jalakaan ja tulee vähän paremmin pukeutuneena – no siitä nauttii sitten kaikki kon ne on vähän paremmin pukeutuneita. Siinä on vähän semmosta juhlan tuntua. Se tekee justiinsa kun me pannaan vähän kovemmat säännöt, niin sakki jo vähän itekin ymmärtää, mitä täss on takana.

Suomi-seuran virallisena tehtävänä on edistää suomalaista elämänmuotoa ja kulttuuria, pitää suomalaisista huolta ja edistää suomalaista kirjallisuutta. Suomi-seuralla on kirjasto, mutta Kale valittaa että Suomessa tulee nykyisin niin paljon kirjoja, ettei sitä millään saa pidetyksi ajankohtaisena. Kirjahommassa on ollut muitakin hankaluuksia: Kale kertoo kuinka lähetyksessä saattoi olla useitakin kirjoja, joista oli kymmeniäkin sivuja poissa.

– Kuuluisia yhtiöitä, mutta siinä on joku misteekki tapahtunut. Kaveri tuo kirjan ja sannoo, että hei tästä puuttuu kymmenen sivua – – no minkäs sille teet. Sivut puuttuu ja siinä kaikki.

Suomi-seuran tehtäviin kuuluu myös suomalaisten auttaminen.

– Meillä esimerkiksi täällä Mount Isassa on semmonen yhteishenki, että jos joku loukkaantuu pitemmäks aikaa niin ensistään komppania antaa luvan, että joka työntekijä saa antaa rahaa jos haluaa, se on vapaaehtoinen. Kirjoittaa nimen ja summan, niin se otetaan tilistä. Sitten me vielä suomalaisten keskuudessa kerätään, pannaan lista kiertämään, jos on aihetta ja saattaa tulla useita satoja taalojakin joskus. Se on sitten niinkun suomalaisten kesken, se tehhään joko

Mount Isan Suomi-seuran vara-puheenjohtaja Kale Harjamäki pihvejä paistamassa.

Suomi-seuran illanvietossa juttu luistaa.

Suomi-seuran nimissä tai seurakunnan, mutta siinä pitää jo olla sillon tosiaan tarve, että ei ole ihan vähäpätönen juttu. Aikonaan meni siihen että hyvin vähäpätösistäkin jutuista kerättiin, mutta nykyjään ei enää, koska se ei vastaa tarkotustaan. Autetaan enihau hyvin suuressa määrin.

– Koskeeko tällainen auttaminen vain Suomi-seuran jäseniä?

– Ei siinä mielessä, vaikka ei ookkaan, mutta kohan on vaan suomalainen, niin kun lista laitetaan niin se kiertää sitten kaikkien suomalaisten luona. Tämä koskee pääasiassa sairastapauksia. Silloin ko mää olin sairaana, niin mulle tehtiin sama juttu ja se oli tervetullut apu.

– Entä jos joku joutuu työttömäksi, auttaako Suomi-seura silloin?

– Tässä kaupungissa ei sitä oikeastaan voi tapahtua, koska täällä ei oikeastaan kukaan, jos ei itse halua, joudu työttömäksi. Jos joku jää työttömäksi, se lähtee seuraavana päivänä vek täältä. Meillä ei sitä ropleemaa ole kyllä ollu vielä kertaakaan täällä.

Probleema sen sijaan Mount Isassa tuntuu olevan suhteet Suomi-seuralaisten ja seurakuntalaisten välillä. Joku sanoo että kaikkein jyrkimmät seurakuntalaiset pitävät pakanoina, jos ottaa hotellissa oluen. Ja asenteet heijastuvat kitkaksi seuran ja seurakunnan väliin. Näin sanoo Kale välien vaikeudesta:

– Siinä on kyllä niin vaikee kysymys, että sitä en minäkään tiedä – tietäneekö kukaan. Mutta se on hyvin paljon semmosta juttua, että toiselta puolelta voi olla tekopyhyyttä ja toiselta puolelta sitten sitä, että ei anneta periksi.

– Missä ei anneta periksi?

– Sillon kun nähhään, että toisella puolella on tekopyhiä, niin toisella puolella ei anneta periksi. Meillä alkaa nyt luistamaan kun tuli uusi pastori. Mä luulen, että alkaa luistaan aika mukavasti. Koitetaan ainakin, että asenteet muuttuu, sillä se on meijän paras.

– Eikö se ole merkillistä jotenkin kun nykyisin Suomessa ei yhden tai parin kaljan otto herätä mitään, mutta täällä sitten, missä kaljan ottaminen tuntuu kuuluvan elämäntapaan, ollaan joissain piireissä niin tarkkoja siitä.

– Voisinko mä sanoo sen sillä tavalla, että just se piiri mikä on tullut sanotaan toistakymmentä vuotta sitten, jolloin Suomessa oltiin vielä aika jyrkkiä, että ne on pitänyt sen suunnan, ehkä menneet vielä jyrkemmiksi. En minä usko, että ne mitkä on nuorempia täällä, että ne on sellaisia, mutta just se sakki vielä vaikuttaa niin paljon. Se on minun näkökanta, en tiedä sitten muista. Se johtuu niistä vanhoista ajoista.

– Onkos tämä nuori polvi sitten osoittanut muutoksen haluja? Että haluttaisiin näitä välejä parantaa.

– No kyllä minun mielestä ainakin. Mä en nyt sen enempää tiedä, mutta kun tämä uusi pastori nyt tuli niin hän on hyvin myötämielinen ja yrittäis kovasti. Me ollaan hyvin myötämielisiä siihen suuntaan, mutta sitten on sitä päällepainajaa. Mutta katotaan nyt, aika sen näyttää.

Suomi-lehti syntyy pienellä porukalla mutta leviää

Suomi-lehti vaikuttaa käteen otettuna pieneltä ja kapealta, palstoja muutama ja präntti tiheätä. Mutta lehti leviää: tuskinpa on Australiassa monta suomalaisperhettä mihin sitä ei tulisi. Kun sitten katsoo, millä mahdollisuuksilla lehteä tehdään, ei sitä pidä lainkaan pienenä. Päinvastoin ajattelee, että paljonpa on itse asiassa saatu aikaan. Päätoimittaja Mikko Mäkineste – ja ainoa toimittaja – tekee kaiken toimitustyön, lehden Kirsti latoo palstat, ja Mikko ja Kirsti yhdessä tekevät taiton, eli suunnittelevat ja toteuttavat lehden ulkoasun. Apuna on ulkopuolinen kuvalaattamies Unto Jukkola, joka tekee sekä kuvalaattoja että negatiiveja. Ja sama joukko painaa ja postittaa sitten lehden eteenpäin.

Lehti kannattaa itsensä tilauksilla ja ilmoituksilla. Mutta lehden lisäksi tehdään Suomi-lehdessä muutakin: tuotetaan filmejä Suomesta ja järjestetään niitten kanssa kiertueita Australian eri suomalaisyhdyskunnissa. Ja viime vuosina ovat mukaan tulleet myös kirjat: samalla pienellä painokoneella on väännetty kevääseen 1973 mennessä ulos jo kolme kirjaa ja lisää oli tulossa.

Mikko Mäkineste on nuorenpuoleinen mies, ponteva. Lehden julkaisija on Australian suomalaiset seurakunnat, mutta Mikko ottaa hommansa ammattimiehenä, toimittajana.

Miten sinun asennoitumiseesi vaikuttaa se että kirkko on julkaisijana, mutta lukijakunta on maallista?

– Minä en pidä tätä kovinkaan suurena vaikeutena. Meidän täytyy yrittää palvella koko lukijakuntaa, niin että lehdessä on jokaiselle jotakin. Jos kirkolliset kirjoitukset tai hartauskirjoitukset häiritsevät joitakuita, he voivat jättää ne syrjään ja lukea ne osat, jotka heitä kiinnostavat. Mutta me emme voi mitään Australiassa toimivaa järjestöä tai yksityisryhmää jättää syrjään. On palveltava heitä kaikkia, koska muuten ei tällainen pieni lehti pysty menestymään.

– Kuinka kirkko, julkaisija vaikuttaa lehden toimitukseen?

– Se vaikuttaa toimitukseen esimerkiksi sillä tavalla, että varsin huomattava määrä, voisimme sanoa 20 prosenttia sisällöstä on kirkollista aineistoa.

– Sanellaanko sinulle, mitä pitää kirjoittaa tai mitä pitää tehdä?

– Myönnettäköön, että yksityisiä yrityksiä näille linjoille saattaa olla, mutta lehden toimittajan olkapään ylihän ei tule kenenkään sanella, mitä lehteen laitetaan. Toimittaja joko nauttii lehden julkaisijan luottamusta tai ei nauti ja lähtee. Varsinaisia vaikeuksia ei kuitenkaan ole suuremmassa määrin ilmaantunut, julkaisija on ollut lehden nykylinjaan suhteellisen tyytyväinen.

– Voitko sinä sanoa nauttivasi julkaisijan luottamusta?

– Kyllä.

– Nauttiiko Suomi-lehti lukijoittensa luottamusta?

– Valtaosan.

Mikko Mäkineste on ollut Suomi-lehden päätoimittajana neljä vuotta. Sinä aikana on levikki noussut kolminkertaiseksi, 800 kappaleesta 2300:aan. Mikä on syynä nousuun?

– Lehden monipuolisuus ensinnäkin. Sanotaan neljä vuotta sitten sen sivumäärä oli hyvin pieni ja siinä oli seura- ja seurakunnallisia uutisia ja Suomen uutisia. Näitä kaikkia rajoitetussa määrin. Nyt tällä hetkellä meillä on laaja Suomen uutisten osasto, laaja urheiluosasto, jota muuten sivumennen sanoen suuri osa Australian lehdistä ei harrasta lainkaan. Toisin sanoen urheilu on varsin suuri tekijä. Näitten lisäksi me olemme laajentaneet seura- ja seurakuntatoimipalstoja ja lähestymällä näitä seuroja me olemme saaneet heidän kannatuksensa ja kaikkien suomalaisten seurakuntien kannatuksen, olivatpa ne sitten luterilaisia tai helluntaiseurakuntalaisia.

– Onko yhteistyö helppoa?

– Vaikeuksiahan tässä on ilman muuta ollut ja monta kertaa siinä on iskenyt kirveensä kiveenkin, mutta pienestä kommelluksesta oppii ja suuntaus on se, että meillä on erittäin hyvä yhteistyö Australiassa.

– Millaisia vaikeuksia?

– No esimerkiksi epäluuloisuus eri järjestöjen taholla toisiaan kohtaan. Mutta oli se sitten seurakunnallinen tai Suomi-seura, meidän loppujen lopuksi täytyy sanoa, että kaikki nämä järjestöt pyrkivät – ainakin ideana tulisi olla – palvelemaan suomalaista siirtolaisyhdyskuntaa täällä Australiassa. Mutta päämääriä eivät aina ole kaikki nähneet samalla tavalla ja on syntynyt epäluuloisuuksia, joitten selvittämisessä on ollut huomattaviakin vaikeuksia.

Mikko Mäkineste on varovainen poliittisissa kysymyksissä, lehdessä ei juuri oteta poliittista kantaa mihinkään suuntaan. Mikko myöntää että tuskin sellaista lehteä onkaan, joka olisi täysin epäpoliittinen. Mutta hänen pyrkimyksensä on olla sotkematta politiikkaa lehteen. Toimittajalla on myös hankaluutensa yrittäessään tasapainotella Australian useinkin riitaisten suomalaisjärjestöjen välillä. Miten se onnistuu?

– Se onnistuu kohtalaisesti siinä mielessä, että suuntaus on,että eri suomalaisjärjestöt alkavat entistä enemmän ymmärtää toisiaan. Yhtenä hyvin positiivisena puolena pitäisin sitä, että Australian suomalaisjärjestöjen ja seurojen keskuudessa eivät poliittiset erimielisyydet ole päässeet vaikuttamaan pienimmässäkään määrin. Näin on tapahtunut esimerkiksi Amerikassa ja Kanadassa. Siellähän ilmestyy jopa useita suomalaisia lehtiä pelkästään poliittisista syistä, eivätkä mitkään niistä oikein kunnolla kannata.

– Mistä tämä suurempi yhtenäisyys sitten johtuu?

– Kenties siitä syystä, että Australian suomalaissiirtolaisuus on etupäässä hyvin nuorta, viimeisen kymmenen viidentoista vuoden aikana saapunutta. Onhan täällä tietenkin huomattava määrä jopa 40 vuotta olleita, mutta he ovat suhteellisen hyvin selvillä esimerkiksi Suomen poliittisesta tilanteesta. Vanhoja poliittisia asioita ei enää katkeruudella muisteta ja jos muistetaan, annetaan niitten olla yhteistoimintojen ulkopuolella.

– Luuletko että jossain 15–20 vuoden sisällä tulee kilpailevia lehtiä, että poliittinen jakautuma syntyy?

– Tietenkin kaikki on mahdollista, mutta poliittista jakautumista Australian suomalaisyhdyskunnassa minä en pidä lainkaan todennäköisenä. Toisten suomalaisten lehtien syntyminen saattaisi tapahtua ainoastaan siinä tapauksessa mikäli nykyinen lehti ei pystyisi palvelemaan kaikkia suomalaisia täällä Australiassa. Ja tämä on ainoa tapa, jolla se taloudellisesti pysyy edes jonkin verran tasapainossa. Kaksi lehteä täällä ei tule menestymään. Niistä jompikumpi kuolee, kenties molemmat.

Siirtolaisyhdyskunnassa huhut kotimaasta leviävät helposti – Suomi-lehdessä yritetään asioita oikoa

Suomalaisten keskuudessa Australiassa saattaa toisinaan kuulla mitä villeimpiä huhuja – tässä kirjassakin on kerrottu parista: kuinka suomalaisia maanviljelijöitä lähetetään Siperiaan tai kuinka suomalaiset tytöt nykyisin kulkevat takapuoli paljaana, vailla housuja. Yksityiset yhteydet kotimaahan ovat huonot ja satunnainen kävijä saattaa kertoa juttuja, jotka ovat jo kotimaassa värittyneet hänen mielessään ja joihin sitten lisätään shokkiefekti siirtolaisille kerrottaessa. Suomi-lehti on monellekin perheelle ainoa painetun sanan kautta tuleva tiedonreikä huhujen muurissa. Suomi-lehti perusti aikaisemmin uutisensa tamperelaisen Aamulehden tietoihin, nyttemmin se on siirtynyt Helsingin Sanomien tilaajaksi. Millaiset uutiskriteerit Suomi-lehdellä sitten ovat?

– Lehteen pääsevät poliittiset tapahtumat, tekninen kehitys ja yleensä kaikki mikä toimituksen mielestä saattaa kiinnostaa lukijakuntaa. Toisin sanoen pyritään pitämään lukijat mahdollisimman hyvin ajan tasalla Suomen nykyisistä oloista.

– Onko se vaikeata?

– No ei se helppoa ole, varsinkin kun toimitus monta kertaa omissakin mielipiteissään on jäljessä Suomen nykyoloista. Hiljattain käydessäni Suomessa 14 vuoden tauon jälkeen totesin, että se oli erittäin aiheellinen matka. Suomi on niin erinomaisessa määrin muuttunut, nykyaikaistunut, ja oli kerrassaan kuin toinen maa kuin silloin kun minä aikanaan lähdin.

– Tuntuuko sinusta, että lehden uutiset ovat menneet perille?

– Suomi-lehti luetaan aika tarkkaan. Ja usein kuulee sanottavan: "näin sanottiin Suomi-lehdessä", kun puheenaihe tulee jostakin asiasta. Tämä siksi että meillä on – voi sanoa valitettavan suuri määrä – lukijoita, jotka eivät ole perillä englannin kielestä. He saattavat huhujen perusteella saada tietoja mitä tapahtuu Australiassa, mitä tapahtuu maailmalla, mitä tapahtuu Suomessa ja heille on jonkinmoinen helpotus, kun saavat lukea saman asian Suomi-lehdestä mahdollisimman tasapuolisesti esilletuotuna – ainakin tätä toimitus yrittää. Siirtolaisyhdyskunnassahan hyvin herkästi leviää kaikenlaisia huhuja ja varsinkin Suomen tilanne on hyvin tarkka ja siitä saattavat huhut lähteä liikkeelle. Oli sitten kysymys poliittisesta tai muusta asiasta, mutta varsinkin Suomen poliittisesta tilanteesta.

– Oletko huomannut, että täällä monet vielä eläisivät sitä tilannetta joka vallitsi heidän lähtiessään, siis esimerkiksi 15 vuotta sitten? Että tiedot Suomen asioista ovat Suomi-lehden yrityksistä huolimatta samalla tasolla kuin lähdön aikaan.

– No en minä voi sanoa, että ne samalla tasolla ovat. Mutta sanotaan että täällä 15 vuotta olleet suomalaiset kenties vertailevat nykyoloja Australiassa siihen mitä Suomi oli silloin kun he sieltä lähtivät, mikä tietenkin on täysin virheellinen katsantokanta.

– Mitä siihen voi tehdä silloin?

– Kehottaa heitä käymään Suomessa.

– Mutta, jos sinä toimittajana havaitset, että heidän tietonsa ovat väärät ja esimerkiksi 15 vuoden takaiset, eikö sinua sieppaa silloin että he tietävät niin vähän ja vääriä asioita?

– Luonnollisesti, mutta näin on pienemmässä määrin ja jos tällaista esiintyy, niin silloin tietenkin on lehden toimituksen velvollisuus yrittää parantaa asiaa informoimalla lukijakuntaa entistä yksityiskohtaisemmin.

– Uskotaanko Suomi-lehteä?

– Kyllä. Se saattaa kuulostaa jonkin verran ylpeältä sanoa, mutta Suomi-lehti nauttii huomattavaa luottamusta Australian suomalaisten keskuudessa.

– Tuleeko paljon yleisönosastokirjoituksia?

– Kyllä meillä viriää hyvin herkästi kirjeenvaihtoa yleisönosastossa, mutta valitettavasti se hyvin usein rajoittuu saivarteluun pikkuasioista. Yksi asia, josta varsin paljon tulee yleisönosastokirjoituksia on vertailu Australian ja Suomen välillä. Tässä juuri lyövät yhteen hiljattain Suomesta tulleet ja täällä jo jonkin aikaa olleet siirtolaiset. Arvostelua on. Tietenkin sijoittumisvaikeudet uudelle siirtolaiselle ovat valtavat, ovat aina olleet ja ne jotka parhaillaan kamppailevat näitten vaikeuksien parissa, näkevät Australiasta huonot puolet ja muistavat Suomesta ne hyvät puolet. Ne jotka ovat jo alkuvaikeuksien ohi päässeet, ne ovat vaikeutensa osittain unohtaneet tai eivät niitä tunnusta ja näkevät täällä ne positiiviset puolet.

– Puuttuvatko Australian viranomaiset lehteen?

– Australian viranomaiset eivät puutu lehteen. He seuraavat, esimerkiksi siirtolaisministeriö seuraa kaikkien vieraskielisten lehtien sisältöä, kirjoituksia ja kommentteja, mutta painovapaushan on täällä myöskin. Toisin sanoen he eivät voi puuttua määräämällä mihinkään, mitä lehdessä painetaan. Neuvottelujahan meillä on montakin kertaa ollut eri artikkeleista, joita me olemme julkaisseet, esimerkiksi juuri siirtolaisministeriön edustajien kanssa. Mutta kertaakaan he eivät ole pyrkineet suorastaan määräämään.

– Ovatko he yrittäneet painostaa?

– Ei voi sanoa, että siirtolaisministeriö on yrittänyt painostaa. Joku yksityinen virkailija on yrittänyt esittää, että määrätyllä tavalla me emme määrätystä asiasta voi kirjoittaa. Me juttelimme hänen esimiestensä kanssa ja asia selvisi molemminpuoliseen yhteisymmärrykseen.

– Pelkäätkö Australian viranomaisia?

– En pelkää.

– Vaikka he voisivat sinulle vaikeuksia aiheuttaakin.

– En minä katso että suoranaisesti voisivat minulle vaikeuksia aiheuttaa. Onhan tietenkin tapoja, mutta minä en näe mitään syytä siihen, että heillä olisi aihetta painostaa. Jos toimitus yrittää tasapuolisesti lukijakuntaa informoida ja jos puutteellisuuksia on, tuoda ne myös esille.

Suomi-lehti on todennäköisesti tullut levikkinsä rajoille – nythän se menee teoreettisesti ottaen lähes jokaiseen perheeseen. Tarvittaisiin uusi siirtolaisvirta Australiaan, joka lisäisi lukijakuntaa, sillä koko ajan on tapahtumassa australialaistumisprosessi nuoremman sukupolven keskuudessa. He omaksuvat englannin kielekseen ja sen mukaan heille ei enää ole niin paljon tarvetta Suomi-lehdestä. Mikko Mäkinesteen suunnitelmissa on ollut laajentaa lehteä niin, että siihen tulisi myös englanninkielinen osasto, joka kertoisi näille suomalaisille Suomen oloista. Mutta entä kun toinen ja kolmas sukupolvi eivät enää puhu lainkaan suomea, onko se painajainen?

– Tämähän on luonnollinen tie. Ei tässä ole mitään painajaisia, se tulee tapahtumaan.

– Kannattaako Suomi-lehteä silloin enää painaa suomeksi vai pitäisikö se painaa englanniksi kokonaan?

– Sitä tuskin koskaan tullaan painamaan englanniksi kokonaisuudessaan. Sen jälkeen kun Suomi-lehteä ei enää suomenkielisenä tarvita, lehti sellaisenaan tulee merkityksettömäksi. Mutta täällä tulee vielä useita vuosia olemaan suomenkielistä lukijakuntaa.

– Suomi-lehden ei siis pidä olla sellainen honka, joka seisoo vaikka muut puut ympäriltä kuolee.

– Minä en asiaa sillä tavalla näe, että sen tarvitsisi olla mikään honka. Suomi-lehti toimii niin kauan kuin täällä on suomalaisia.

9. Hohtoa historiassa

Olavi Koivukangas

Suomalainen siirtolaisuus Australiaan

Valtamerien takainen siirtolaisuus alkoi Suomesta suuremmin joukoin noin v. 1870 tienoilla. Huippulukemat saavutettiin 1900-luvun ensimmäisellä vuosikymmenellä ja ns. vanhemman siirtolaisuuden voidaan katsoa päättyneen vuoteen 1930. Tähän mennessä lähes 400 000 suomalaista oli siirtynyt valtamerien taakse. Suomalaisen siirtolaisuuden valtavirta on kulkeutunut Pohjois-Amerikkaan ja lähinnä Yhdysvaltoihin. Vain pieni puro on riittänyt kaukaisen Australian kuivalle maaperälle. Vasta kun pääsyä Yhdysvaltoihin alettiin rajoittaa 1920-luvulla, kasvoi Kanadan – samoin kuin Australiankin – osuus suuremmaksi.

Ennen v. 1921 suomalaiset luettiin Australian väestötilastoissa venäläisiin. Mainitusta vuodesta vuoteen 1971 Suomessa syntyneiden lukumäärät Australiassa olivat seuraavat:

Vuosi	Miehiä	Naisia	Yhteensä
1921	1227	131	1358
1933	1607	218	1825
1947	1158	215	1373
1954	1334	399	1733
1961	3939	2549	6488
1966	3423	2502	5925
1971	5747	4612	10359

Valtaosa Suomen Australian-siirtolaisuudesta on tapahtunut toisen maailmansodan jälkeen (noin 15 000 henkeä), itse asiassa v. 1956 jälkeen ja huippukausia ovat olleet vuodet 1959 ja 1969. Suomalainen siirtolaisuus Uuteen Seelantiin on ollut vähäistä, eikä sikäläinen suomalaisjoukko ole koskaan noussut paria-kolmeasataa suuremmaksi.

Kaksisataa vuotta sitten Englannissa James Cook varustautui tutkimusmatkalle Eteläiselle Tyynellemerelle. Tuohon aikaan ei kameraa ollut vielä keksitty. Kuitenkin tutkimusmatkailijoille oli tärkeää saada kuvatuksi matkalla tavattuja eläimiä, kasveja ja muita ihmeellisyyksiä. Niinpä mukaan otettiin taitavia piirtäjiä, jotka usein olivat erinomaisia luonnontutkijoita. Yksi tällainen tiedemies oli Herman Dietrich Spöring, jota brittiläisessä James Cook -kirjallisuudessa kutsutaan ruotsalaiseksi ("the Swedish assistant naturalist"). Suomalaisilla on kuitenkin syytä pitää häntä omana miehenään, varsinkin kun ruotsalaisilla jo on Cookin laivastossa oma miehensä, tohtori Sollander, hyvin johtavassa asemassa.

Herman Spöring syntyi vuosien 1730–35 välillä. Tarkkaa vuotta on vaikea määritellä, sillä vanhat kirkonkirjat tuhoutuivat suuressa Turun palossa v. 1827. Hänen isänsä oli lääketieteen professorina Turun yliopistossa, jossa poikakin opiskeli vuosina 1748–1753. Turusta Spöring siirtyi Tukholmaan jatkamaan lääketieteen opiskelua, mutta innostui sitten luonnontieteisiin, jotka olivat tuon aikakauden muotitieteitä. Opinnot veivät vihdoin Lontooseen, eikä hän enää koskaan palannut Suomeen. Spöring tuli valituksi Cookin tutkimusmatkalle. Matkan ajalta Spöringistä on vain muutamia mainintoja, hän lienee ollut – suomalaiseen tapaan – hiljainen ja syrjäänvetäytyvä luonne.

Spöringin arvokkain saavutus oli, kun hän pystyi Tahitin vesillä korjaamaan alkuasukkaiden varastaman ja särkemän tärkeän tähtitieteellisen kvadrantin. Itse James Cook mainitsee tästä päiväkirjassaan toukokuussa 1769. Lieneekö osittain ollut tästä johtunutta kiitollisuutta, että Cook lokakuussa 1769 nimitti erään pienen saaren Uuden Seelannin edustalla Spöringin mukaan. Sporing Island sijaitsee pohjoissaaren itärannikolla Tolagan lahdella (Lat. 38 astetta 25′, Long. 181 astetta 14′). Harva suomalainen on saanut antaa nimensä vieraan ja kaukaisen maan kartalle. Lisäksi maan pääkaupungissa Canberrassa on eräs katu nimetty Spöringin mukaan.

Cookin laivasto purjehti edelleen ja v. 1770 Australian itärannikko otettiin virallisesti Englannin haltuun. Matka jatkui kohti pohjoista, ja täällä Jaavanmerellä kuoli Herman Spöring trooppiseen kulkutautiin tammikuussa 1771. Hänen piirroksiaan on lukuisia yhä nähtävänä British Museumissa Lontoossa.

Herman Spöringiä, Turun poikaa ja tutkimusmatkailijaa, ei Iso Tietosanakirja tunne. Kuitenkin hän ansaitsee paikkansa Suomen kansan aikakirjoissa kaksi vuosisataa kuolemansa jälkeen. Tämähän on yleinen suurmiesten kohtalo, vaikka harvat ovat joutuneet odottamaan näin kauan.

Kultaa! Kultaa! Australiaan!

Vuoden 1851 alussa kiirivät tiedot Australian satumaisista kultalöydöistä tuulen nopeudella yli maailman. Joka ilmansuunnalta virtasi väkeä Victorian ja New South Walesin kultakentille. Kultalöytöjen alkaessa koko Victoriassa oli vain hieman yli 400 000 asukasta, mutta kymmenenä suurena kultavuotena väestö kolminkertaistui. Sydney ja Melbourne melkein tyhjentyivät työkykyisistä miehistä. Löydettiin jopa kymmenien kilojen painoisia kultakimpaleita ja koko Australiassa vallitsi todellinen "kulta-aika".

Australian kulta houkutteli myös muutamia tuhansia pohjoismaalaisia, joista toiset saapuivat Californian kultakentiltä, toiset suoraan Skandinaviasta. Tältä aikakaudelta suomalaisista on vain hyvin vähän mainintoja, eikä heidän lukumääränsäkään liene ollut kovin suuri. Nämä olivat enimmäkseen suomenruotsalaisia, suurelta osalta merimiehiä, ja he muodostivat vain pienen osan skandinaavien suuresta joukosta. Eräässä Ruotsissa v. 1859 julkaistussa matkakirjassa kerrotaan kahdesta suomalaisveljeksestä, Alfred ja Wilhelm H. Muista lähteistä on ilmennyt, että veljesten sukunimi oli Häggblom, ja he olivat kotoisin ilmeisesti Pohjanmaalta. Kirjoittaja mainitsee veljesten olleen neljä vuotta Victorian kultakentillä, ja kun he lähtivät takaisin Suomeen, skandinaaviset toverit järjestivät heille kahdeksan päivää kestävän lähtöjuhlan. Veljeksien sanotaan olleen merikapteeneja ja miesten parhaita joka suhteessa. Kirjan kirjoittaja Cronqvist antaa suomalaisista hyvän lausunnon todeten, että hän ei ollut kuullut kenenkään moittivan suomalaisia, mitä ei suinkaan voida sanoa hänen omista maanmiehistään ruotsalaisista. Ilmeisesti suomalaisten vähäinen lukumäärä oli yhtenä syynä tähän, samoin kuin hänen tuntemansa veljekset H., jotka olivat hyvin pidettyjä tovereita. Lähtöjuhlat huipentuivat McIvorin ulkopuolella eräässä hotellissa 17. 9. 1858 vietettyyn tilaisuuteen, jossa "yli 30 täysikasvuista miestä itki kyyneliä". Ajan tavan mukaan oli lähtiäisiksi sepitetty laulu, jota laulettiin pitkin iltaa ja yötä ja vielä veljesten noustessa rattaille. Runo, joka kertoi ystävyydestä ja koti-ikävästä, laulettiin Maamme-laulun sävelellä ja se päättyi sanoihin:

"Parempi on vanha Pohjolamme kuin tämä kullan maa!"

Merimiehenä Australiaan ja loikkaus laivasta

Suomalainen merimies on 1800-luvulla ollut kansainvälisesti tunnettu käsite. Syvänmeren purjelaivojen matkakuvauksissa tapaa usein voimakkaan, harvasanaisen ja hitaan suomalaisen merimiehen – the Russian Finn – johon liittyi usein taianomaista pelkoa, että suomalainen kykeni hallitsemaan yliluonnollisia voimia. Seikkailunhalu ja ennen kaikkea parempi palkka ajoi suomalaisia merimiehiä maailman kaukaisimpiin kolkkiin ja vieraiden maiden laivoihin. Erityisesti Englannin ja Yhdysvaltain lipun alla suomalaiset purjehtivat mielellään pursimiehinä tai "timperinä".

Suomalaisia merimiehiä alkoi esiintyä Australian rannikoilla jo 1800-luvun puolivälistä, mutta vasta 1870- ja 1880-luvuilla joukko kasvoi suuremmaksi. Sydneystä muodostui vähitellen suomalaisten merimiesten keskus, ja keskittyminen Pyrmontin kaupunginosaan enteili myöhemmälle suomalaiselle asutukselle tyypillistä piirrettä muodostaa kansallisia alueellisia ryhmittymiä. Muuan v. 1874 ensi kerran Australiaan tullut vanha merimies kertoi, että useissa laivoissa oli 4–5 suomalaista, ja kerrankin heitä oli lähes 75 suomalaista merimiestä yhteen otteeseen Sydneyssä. "Silloon mä ajattelin, jotta nuitahan on enemmän kuin enkesmannia."

Australian rannikkovesille ja maihin jääneet merimiehet näyttävät olleen kotoisin Turun seuduilta ja pitkin Pohjanlahden rannikkoa sekä osin myös Ahvenanmaalta.

Mikä veti suomalaisia merimiehiä Australiaan? V. 1921 muuan suomalainen sanoo kysyneensä merimiehiltä, miksi he eivät halua purjehtia oman maan laivoissa. Syynä kuuluu olevan, "että Suomen laivoissa pitetään yllä Suomen vanhoja merilakija Uutena aikakautena kuten Palkan huonouten – Palkan maksun ja ulosmaksun Ruoka komennon että myös työ Ajan suhteen – .,. eikä siis suomi woi syttää Poikijaan siitä jos he wieraantuvat suomen omista laivoista wieraita Palvelemaan sillä uusi Aika waatii Uutet lait ja ihmiselliset oikeutet niin suomessa kuin muissakin maissa».

Suomalaisten merimiesten karkaaminen tai ulosmaksun ottaminen laivoista jatkui pitkälle 1900-lukua, varsinkin kun suomalaiset purjelaivat alkoivat tiheämmin vierailla Australiassa. Itse asiassa usein oli kyseessä vain yksi siirtolaisuuden muoto, jolloin kallis matka Australiaan tehtiin merimiehenä.

Matti Kurikka ja ilmainen kyyti Lontoosta Queenslandiin

Matkan pituus ja vaarallisuus sekä tuntemattomat olosuhteet perillä eivät houkutelleet tavallisia siirtolaisia lähtemään Australiaan. Olihan paljon turvallisempaa ja ennen kaikkea halvempaa mennä Yhdysvaltoihin suuren siirtolaisvirran mukana. Muutamia yksilöitä ja pieniä ryhmiä tosin saapui 1800-luvun viimeisinä vuosikymmeninä, mutta vasta vuosisadan vaihteessa tapahtui ensimmäinen suurempi ja järjestetty yritys hankkia suomalaisia siirtolaisia Australiaan. Tällöin onkin saavuttu jo aikaan, jolloin Matti Kurikka kannattajineen yritti perustaa ihanneyhteiskuntansa kaukaisen Australian maaperälle.

Queenslandin hallitus oli v. 1899 alkanut tarjota ilmaisen matkan myös sopiville pohjoismaalaisille siirtolaisille. Tästä oli tietoinen myös Matti Kurikka (1863–1915) – kirjailija, sanomalehdentoimittaja, työväenliikkeen johtomies, haaveilija – sosialisti, joka jouduttuaan syrjään työväenliikkeen johtopaikoilta päätti lähteä perustamaan omaa yhteiskuntaansa Australiaan. Kurikka saapui Sydneyhin syys-lokakuun vaihteessa 1899. Samaan aikaan kun Kurikka seilasi kohti Australiaa Queenslandin siirtolaisasiamies tiedotti Helsingistä, että useita satoja suomalaisia oli valmiina lähtemään matkalle, mikäli Kurikan tiedonanto olisi suotuisa. Hän kertoi Kurikan olevan vaikutusvaltaisen henkilön ja kehotti antamaan hänelle kaiken mahdollisen avun. Kurikka saikin hyvän vastaanoton. Haastattelussa 3. 10. 1899 hän sanoi tulleensa tutkimaan mahdollisuuksia perustaa yhteismaatalouteen perustuva järjestelmä (a system of cooperative farming). Kurikan mielestä Queenslandin ilmasto, maaperä ja olosuhteet olivat kaikin puolin sopivammat kuin Kanadassa. Hänen tarkoituksenaan oli myös kirjoitella Suomen lehtiin, vieläpä tehdä kirja Queenslandista Suomessa levitettäväksi. Kurikka oli täynnä intoa ja uskoa tulevaisuuteen. Ensimmäiset avustetut suomalaiset olivat ehtineet Queenslandiin jo elokuussa 1899, ja pian Kurikan jälkeen alkoi hänen kannattajiaan saapua. Vuoden loppuun mennessä avustettujen suomalaisten luku nousi lähelle sataa ja seuraavan vuoden alussa saapui vielä noin 80 siirtolaista, kunnes suomalaisten kuljetus lopetettiin. Syy: suomalaiset olivat osoittautuneet sopimattomiksi siirtolaisiksi.

Kaikkiaan saapui avustettuja suomalaisia siirtolaisia Queenslandin viranomaisten ilmoituksen mukaan 175 henkeä niiden kymmenen kuukauden aikana jolloin avustus oli voimassa. Minkä verran näistä oli "kurikkalaisia", on vaikea selvittää. Erään v. 1919 lopussa tai v. 1920 alussa lähetetyn yksityiskirjeen mukaan Kurikan joukkoon olisi kuulunut 78 henkeä eli eräiden muiden lähteiden mukaan noin 30 perhekuntaa.

Kurikan yritys muodostaa ihanneyhteiskunta Pohjois-Queenslandiin kaatui alkuvaikeuksiin, ja hän lähti v. 1900 puolivälissä Kanadaan perustamaan samantapaista Sointula-nimistä yritystä. Useat hänen kannattajistaan seurasivat perässä, mutta osa alkoi viljellä sokeriruokoa Nambourissa, Brisbanen lähistöllä, paikassa, jota alettiin kutsua Finnbouriksi.

Matti Kurikan ja hänen joukkonsa yritys perustaa ihanneyhteiskuntansa Australian erämaahan siis epäonnistui. Jälkipolville he ovat jättäneet laulun, jonka muuan ryhmän nuorimmista jäsenistä muisti 70 vuotta myöhemmin.

KURIKKALAISTEN LAULU

Me menimme Australiaan
menimme Australiaan –
me menimme Australiaan
tullen kohdelluiksi kuin orjat.

Meidän täytyi taistella –
kaikella mahdillamme,
oikeudenmukaisuudesta –
ollaksemme heidän vertaisiaan
ja veljiään.

Kun aussit näkivät
ettemme olleet heidän orjiaan,
he auttoivat meitä kuin
olisimme olleet heidän kauan
kateissa olleita veljiään.

Me tulimme Australiaan
tulimme Australiaan –
me tulimme Australiaan,
kullan ja rikkauksien maahan.

Me emme löytäneet kultaa,
emmekä löytäneet rikkauksia,
vain kuivuneita jokia
ja kuivia kaivantoja.

Me lähdimme Australiasta,
lähdimme Australiasta
me jätimme Australian
ja sen Jumalan hylkäämät
rikkaudet.

Hyvästi Australia –
hyvästi Australia –
Hyvästi Australia –
sinä helvetin maa!

Ja tähän päivään asti on säilynyt Matti Kurikan siivekäs sanonta hänen jättäessään Australian rannat:
"Mikä ihana maa mutta jumalaton kansa!"

Suomalainen siirtolaisuus Australiaan oli vähäistä 1900-luvun alussa, mutta kiihtyi sitten ensimmäiseen maailmansotaan mennessä. Suuri osa tulijoista oli edelleen merimiehiä. Maailmansodan kynnyksellä suomalaisjoukko lienee käsittänyt kuitenkin vain 1000–2000 henkeä. Alkanut sota karkotti osan suomalaisista Australiasta, koska nämä pelkäsivät joutuvansa asepalvelukseen. Toiselta puolen Suomen itsenäistyminen houkutteli monia palaamaan takaisin kaukaiseen kotimaahan. Väestönlaskennassa v. 1921 Suomessa syntyneiden lukumäärä oli 1358. Tämän jälkeen Keskipohjanmaan miehet alkoivat valloittaa Queenslandia.

Keskipohjanmaalta Australiaan lähtö ei ollut 1920-luvun keksintö. Tiedetään mm., että v. 1889 muutamia Lohtajan ja Kannuksen poikia oli lähdössä Amerikkaan, mutta – päätyivät Australiaan. Tähän joukkoon kuului Antti Kluukeri Lohtajan Alaviirteeltä. Myöhemmin hän tuli tunnetuksi Inghamissa vaikuttaneen varakkaan suomalaisen maanomistajan, "Ryssän Jackin", toverina ja työnjohtajana. Kun Antti Kluukeri kirjoitti veljelleen, että heillä olisi työtä muutamille suomalaisille, v. 1911 puolisen tusinaa Lohtajan poikaa lähti matkalle. Tämä joukko, johon kuului mm. sittemmin Inghamissa Australiassa asunut Janne Nissilä, palasi takaisin Suomeen ensimmäisen maailmansodan aikana Siperian kautta.

Kuitenkin vasta 1920-luvun alussa, kun Yhdysvaltain kiintiöjärjestelmä löi käytännöllisesti katsoen portit kiinni uusilta suomalaisilta, Australia tuli yhä useamman Keskipohjanmaan pojan matkan päämääräksi. Suunnannäyttäjänä oli jääkäriupseeri ja kautta maakunnan tunnettu mies, lohtajalainen Nestori Karhula, joka vuonna 1921 oli lähtenyt Australiaan. Hänen luokseen alkoi saapua nuoria miehiä Keskipohjanmaalta ja ikään kuin "suora putki" johti Kokkolasta Cairnsin liepeillä sijaitsevalle Suomi-farmille, jossa Karhula toimi työnjohtajana. Sydneyssä merimieslähetysasemaa hoitava pastori kuvasi pohjalaisten saapumista seuraavasti:

"Vuonna 1923 alkoi tulla muutosta suomalaisolosuhteisiin. Jo helmikuussa tuli muutamia siirtolaisia Suomesta. Huhtikuussa ja toukokuussa alkoi tulla ensimmäisiä keskipohjalaisjoukkoja Lohtajalta ja Kälviältä, ensin kymmenkunta kerrallaan, mutta sitten vähitellen enemmän, 40, 50, jopa 70:kin kerrallaan, suunnilleen yksi ryhmä kuukautta kohti ja myöskin eteläpohjalaisia ja muun paikkaisia joukkoja. Tulipa itse Isontalon Anttikin, ja tuli vaaleita vaimoja lapsilaumankin kera."

Keskipohjalaiskauden huippuvuosi oli 1924, jolloin saapui yli 300 siirtolaista. Vuosikymmenen loppuun asti lukumäärä vaihteli 100 ja 200 välillä vuosittain. Suurin osa pohjalaisista meni suoraan Queenslandiin. Kysyttäessä miksi he halusivat mennä sinne kuumaan ilmastoon saattoi vastauksena olla: "No, kun siellä on se Karhula". Toinen pohjalainen saattoi lisätä: "Läjässä on lämmintä".

Queenslandin sokeriruo'onhakkuu oli hyvin tuottavaa työtä ja pian muodostui suomalaiskeskuksia ensin Cairnsiin ja sitten muille sokerinviljelysalueille. Vähitellen tarmokkaimmat miehet alkoivat hankkia omaa maata, ja näin syntyivät mm. Long Pocketin ja Tullyn suomalaisasutukset. Osa palasi takaisin Suomeen enemmän tai vähemmän vaurastuneina, osa siirtyi viileämpiin eteläisiin valtioihin. Huomattavan suuri joukko jäi pysyvästi Queenslandiin hakaten sokeriruokoa hyvinä päivinä ja rakennellen teitä pula-aikana, kunnes Mount Isa alkoi vetää puoleensa kovakouraisia ja lujaselkäisiä raskaaseen työhön tottuneita suomalaisia.

Yleismaailmallinen pulakausi v. 1930 tienoilla katkaisi suomalaisten tulon. Maahanpääsyä alettiin rajoittaa, eikä vuosikymmenen alkupuoliskolla saapunut montakaan suomalaista, ennen kuin II maailmansotaa edeltäneinä vuosina maahanpääsyä koskevia määräyksiä helpotettiin. Sota-aikana siirtolaisuus oli luonnollisesti pysähdyksissä, ja osa jo maassa olevista suomalaisista vietiin – varmuuden vuoksi – keskitysleireille.

Uusin siirtolaisuus – pakoon työttömyyttä ja veroja

Australian perinnäisten brittiläisten siirtolaislähteitten alkaessa ehtyä, siirtolaisuusavustus laajennettiin koskemaan myös pohjoismaita 1950-luvun puolivälissä. Aluksi avustus oli hyvin vähäistä, mutta vähitellen sitä lisättiin. Samaan aikaan 1950-luvun lopulla sattunut lamakausi Suomessa loi hyvät edellytykset kasvavalle siirtolaisuudelle.

Voimakas muuttoliike Australiaan alkoi 1957 lopulla, ja huippuvuosi oli 1959, jolloin yli 2300 suomalaista siirtyi Australiaan, ennätys, joka rikottiin vasta kymmenen vuotta myöhemmin. Paitsi Suomen talouselämän kireys kumpanakin huippukautena, tärkein syy 1960-luvun lopun voimakkaaseen siirtolaisuuteen Australiaan lienee kuitenkin ollut siirtolaisavustuksen laajentaminen käsittämään lähes koko matkan v. 1966, kun se aikaisemmin (vuodesta 1955) oli käsittänyt vain pienen osan matkakustannuksista. Lisäksi ns. ketjusiirtolaisuus aikaisemmin menneiden sukulaisten ja tuttavien muodossa houkutteli seuraamaan perässä.

Osa siirtolaisista, jotka Amerikassa olleen Laihian akan tavoin ovat "unessa aina Laihialla", palaa ennemmin tai myöhemmin takaisin entiseen kotimaahan. Ennen sotia noin 40 prosenttia palasi takaisin, sillä monet olivat menneet Australiaan vain "hankkimaan talorahoja" tms. syystä. Vuosina 1948 – 1968 Australiaan menneistä suomalaisista runsas kolmannes lähti pois tilastojen mukaan (Suomeen tai muualle. Miehillä paluuprosentti oli jonkin verran suurempi kuin naisilla. Toisen maailmansodan jälkeen Australiaan on mennyt noin 15 000 Suomessa syntynyttä, mutta v. 1971 väestönlaskennassa heitä oli vain runsas 10 000. Ottaen huomioon kuolleisuudenkin osuuden, sodanjälkeistenkin siirtolaisten paluuprosentti on 40 ja ylikin. Myös viime vuosina ovat monet menneet vain käymään Australiassa, varsinkin kun matka on ollut lähes ilmainen.

Lähtöalueet

Varhaisin ns. merimiessiirtolaisuus oli lähtöisin Varsinais-Suomen ja Pohjanmaan rannikkoalueilta. Maailmansotien välisenä aikana Australian-siirtolaisuus oli keskittynyt Vaasanlääniin ja erityisesti keskipohjanmaalle, josta monen pojan tie kulki Queenslandin sokeriruokoviljelmille.

Sodan jälkeen Australiaan lähdettiin enemmän eteläisestä ja itäisestä Suomesta, vuosina 1955 – 65 lähinnä Helsinki – Tampere – Lappeenranta -kolmiosta, jota voidaan kutsua myös teollisuus-Suomeksi. Tämä siirtolaisjoukko meni Australiaan pääasiassa 1950-luvun lopulla, jolloin taloudellinen lamakausi koetteli erityisesti teollisuuden ja rakennusalan työväestöä.

Viimeisimmässä, 1960-luvun lopulla alkaneessa, siirtolaisuusaallossa Uusimaa- ja Helsinki-keskeisyys on silmäänpistävä piirre. Tosin suuri osa näistä ihmisistä oli muuttanut Uudellemaalle muualta Suomesta.

Australiaan lähdön syyt

Siirtolaiseksi lähdön taustalla olleet tekijät ovat moninaiset. Voitaneen myös olla samaa mieltä erään siirtolaisen kanssa, joka totesi, että harva kai loppujen lopuksi tietää, miksi lähti juuri Australiaan.

Kolme tärkeintä Australiaan lähdön syytä ovat olleet seikkailunhalu, työttömyys ja halu parempaan toimeentuloon. Eri ajanjaksoina ovat hieman erilaiset syyt olleet hallitsevia. Kun ennen sotia lähinnä taloudellisen aseman parantaminen oli keskeinen syy, työttömyys (tai pelko siitä) sekä kova verotus tulivat voimakkaammin kuvaan vasta 1950-luvun lopulla ja seuraavalla vuosikymmenellä. Myös seikkailunhalun osuus näyttää lisääntyvän nykyaikaa lähestyttäessä. Seikkailunhalu oli yleisin kuitenkin kolmantena syynä, kun taas työttömyys ja taloudellisen aseman parantaminen olivat voimakkaasti ensisijaisia motiiveja.

Lähtijöiden ammatit Suomessa ja Australiassa

Pääosa Australiaan menneistä suomalaisista oli ollut lähinnä keskiryhmiin kuuluneita maatalouden, teollisuuden, rakennusalan ja palveluelinkeinojen palveluksessa olleita henkilöitä.

Merimiessiirtolaisuutta lukuunottamatta voidaan sanoa, että ennen 1950-luvun loppua Australian-siirtolaisuus oli paljolti siirtymistä maataloudesta ja sen jälkeinen muuttoliike oli pakoa teollisuudesta, rakennustyö mukaan lukien. Vain pieni osa oli lähtöisin ylemmistä ammatti- ja sosiaaliryhmistä. Toiselta puolelta pelkkiä sekatyöläisiä oli suhteellisen vähän. Tällaisilla henkilöillä ei liene ollut riittävästi tarmoa ja taloudellisia edellytyksiä lähteä Australiaan.

Suhteellisen alhaisesta ammatillisesta asemasta, heikosta kielitaidosta ym. syistä johtuen suomalaiset joutuivat usein aluksi hakeutumaan huonommin palkattuihin töihin. Ammattimiehetkin aloittivat usein "leipurina" (labourer) kuten eräs siirtolainen kirjoitti: "Aluksi suomalaiset ammattimiehet joutuivat olemaan sekalaisissa töissä, sitten parempipalkkaisissa hommissa kirvesmiehinä ja saatuaan vihdoin asentajan paperit pääsivät omalle alalleen."

Kielivaikeuksien ohella vieraat olosuhteet vaativat aikansa perehtyä maan olosuhteisiin ja työskentelytapoihin, ja tällöin oli usein järkevää aloittaa vaatimattomasti. Toiselta puolelta on muistettava, että tulotaso on saattanut nousta, vaikka ammatillinen asema on laskenutkin.

Vuoden 1971 väestölaskennan mukaan suomalaisten ammattijakautuma Australiassa oli seuraava:

	Miehet	*Naiset*
yliopisto- yms. ammattikoulutus	3.8	9.2
hallinnon, kaupan ja teollisuuden johtotehtävät	2.5	1.2
toimistotyö	2.0	18.1
myyntityö	1.7	5.5
maa- ja metsätalous	4.4	2.3
kaivostyö	5.6	
liikenne ja kuljetus	2.5	0.7
ammattitaitoinen teollisuus- ym. työväki	71.4	35.1
palveluammatit	1.9	23.5
aseellinen palvelus	0.6	
ei tietoa	3.7	4.3
yhteensä	100.0	100.0
lukumäärät	3935	1622

Ammattijakautumissa kiinnittynee huomio erityisesti ammattimiesten suureen osuuteen. Tähän ryhmään kuuluvat lähinnä rakennus- ja metallialan ammattitaitoiset työntekijät. Australiansuomalaisten yleisin ammatti onkin rakennustyö. Useimpien ammattitaito on ollut käytännön opettamaa, mutta onpa joukossa muutamia rakennusmestareita tai muun teknisen koulutuksen saaneita henkilöitä. Paitsi mahdollisuutta työskennellä paljon ulkoilmassa, rakennustöihin houkutteli se, että siellä selvisi olemattomallakin kielitaidolla. Lisäksi se tarjoaa hyvät ansiomahdollisuudet ja on suhteellisen vapaa eli kuten eräs siirtolainen totesi: "Kun illalla riisut naulapussin ja panet työkalupakin varastoon, työmaa huolineen ei seuraa ruokapöytään tai makuuhuoneeseen."

Toinen australiansuomalaisille sopinut ammatti on kaivostyö. Tuskin kukaan oli aikaisemmin ollut kaivosmiehenä, mutta Australiassa 5.6 % miespuolisista työssä olevista suomalaisista oli "mainareita". Taloudellisesti kaivostyö on tuottoisaa ja melko vapaata, kuten seuraavat lainaukset osoittavat: "Pidän työstäni, vaikka se onkin maan alla kaivoksessa, koska se on urakkatyötä, niin se on melko itsenäistä." Hyvät ansiot ovat houkutelleet kaivostöihin, mutta ei ehkä pysyvästi: "Kyllä tämä kaivostyö menee vähän aikaa, mutta ei monta vuotta." Suurin suomalaisten asuttama kaivoskeskus on Mount Isa, hiekan, lyijyn ja hien kaupunki, Pohjois-Queenslandissa. Täällä suomalaiset ovat saksalaisten kanssa suurin ei-brittiläinen kansallisuus.

Heikosta kielitaidosta ja suhteellisen heikosta palkkauksesta johtunee, että vain vajaa kaksi prosenttia suomalaisista miehistä oli palveluammateissa. Sen sijaan lähes joka neljäs ammatissa toimiva suomalainen nainen oli palveluelinkeinoissa. Monet naisista tekivät siivoustyötä paljolti samasta syystä kuin miehet olivat rakennustöissä. Se on suhteellisen hyvin palkattua itsenäistä työtä, ja kuten eräs vastaaja totesi: "Omalta kohdaltamme olemme huomanneet, että siivoojakin on ihminen." Tärkein syy lienee kuitenkin ansiomahdollisuuksien ohella se, että päivisin koteja ja iltaisin virastoja siivottaessa ei huonostakaan kielitaidosta ole haittaa.

Siirtyminen Suomesta Australiaan merkitsee suurta muutosta ja aiheuttaa tavalla tai toisella useimmille ihmisille sopeutumisvaikeuksia. Kielitaidottomuus on ollut ylivoimaisesti hallitseva vaikeus, ja monet muutkin vaikeudet, esim. koti-ikävä, liittyvät kielitaidon puutteeseen enemmän tai vähemmän suoranaisesti. Muita vaikeuksia ovat olleet asunto-olosuhteet, ilmasto, työnsaannin vaikeus (varsinkin pääsy omalle alalle) ja yleiset sopeutumisvaikeudet. Kielitaidottomuus on kuitenkin kaikkea hallitseva vaikeus, ja tämä onkin alue, jota parantamalla parhaiten edistettäisiin siirtolaisten sopeutumista uusiin olosuhteisiin.

Siirtolaisen sopeutuminen heijastuu hänen uusia olosuhteita kohtaan tuntemana tyytyväisyytenä tai tyytymättömyytenä. Haastattelututkimuksen mukaan tärkein tyytyväisyyden aihe oli hyvä ilmasto. Ilmaston jälkeen Australian parhaita puolia olivat hyvät tulot ja helppo työnsaanti. Varsinkin nuoremmat siirtolaiset arvostivat näitä seikkoja, kun taas kauemmin maassa olleet olivat enemmän yleisesti tyytyväisiä kaikkeen. Suurimman tyydytyksen australiansuomalaiset ovat saaneet materiaalisten tarpeittensa täyttymisestä. Ilmastoa lukuunottamatta ympäristö ja sosiaaliset tekijät ovat olleet enemmän toissijaisia, joten tyytyväisyyden kohteilla näyttää olevan jonkin verran yhteyttä siirtolaisuuden syiden kanssa. Toisin sanoen niiden tarpeiden tyydyttäminen, jotka ovat aiheuttaneet siirtolaiseksi lähtöä, on antanut suurinta tyydytystä.

Haastattelun perusteella australiansuomalaiset olivat eniten tyytymättömiä maan terveydenhoitoon ja sosiaaliturvaan sekä huonoihin ja kalliisiin asuntoihin. Kokonaisuudessaan vain pieni osa oli tyytymättömiä Australiaan. Tällöin on kuitenkin muistettava, että varhaisimmista siirtolaisista monet tyytymättömät ovat joko palanneet Suomeen, kuolleet tai muuttuneet tyytyväisiksi. Yleisesti katsoen australiansuomalaisten ydinjoukko näyttää olevan oloihinsa tyytyväisiä ihmisiä, huomioonottaen senkin varauksen, että monet uskottelevat olevansa tyytyväisiä, siten todistellen itselleen siirtolaiseksi lähtönsä hyödyllisyyden.

———

LIITE

YLEISTIETOJA AUSTRALIASTA

Seuraavat tiedot on saatu Australian Valtion Tiedotustoimiston jakamasta aineistosta ja ovat siis jonkinlaisena vastapainona kirjan siirtolaisten esittämille näkemyksille. Tiedot eivät ole kovinkaan yksityiskohtaisia, mutta lisäselvityksiä tarvitessaan lukija voi kääntyä suoraan tiedotustoimiston puoleen, mistä tietoja annetaan auliisti. Osoite on: Australian Valtion Tiedotustoimisto, Kasarmikatu 19, Postilokero 181, 00130 Helsinki 13.

Siirtolaisuus

Aikana lokakuu 1945 – kesäkuu 1973 Australiaan tuli kaikkiaan 4 034 680 siirtolaista ja heistä oli 422 401 pakolaisia. Suomalaisia siirtolaisten määrästä tuona aikana oli 15 022 henkilöä. Vertailuna todettakoon että ruotsalaisia oli 7173 ja norjalaisia 4402. Suurimman ryhmän Brittiläisen Kansainyhteisön ulkopuolelta tulleista siirtolaisista ovat muodostaneet italialaiset, joita tuona aikana tuli kaikkiaan 378 777. Australian kansalaisuus myönnettiin tuona aikana vähän yli 3500 suomalaiselle.

Siirtolaisista n. 40 prosenttia on saanut elantonsa työmiehinä, joko teollisuudessa tai muilla tuotannon aloilla, kuten rakennuksilla jne. Naispuoliset siirtolaiset, jotka hakeutuivat työhön, sijoittuivat pääasiassa joko palveluammatteihin (n. 32 %) tai kirjanpidollisiin ja sihteerin töihin (26,8 %). Maanviljelijöitä, kalastajia ja metsästäjiä oli siirtolaismiehistä 5,4 %, mutta kaivosmiehiä vain 0,7 % (tilasto ajalta heinäkuu 1960 – kesäkuu 1973).

Rotu, kansallisuus tai ihonväri eivät Australian hallituksen mukaan enää ole esteenä siirtolaisuudelle Australiaan. Australian hallituksen siirtolaispolitiikan perustana ovat seuraavat seikat:
- että siirtolainen on taloudellisesti elinkykyinen Australiassa
- että hänellä on henkilökohtaisia kykyjä, jotka mahdollistavat hänen sopeutumisensa australialaiseen yhteiskuntaan
- että hänen terveytensä on hyvä
- että hän on luonteeltaan sopiva

171

– että hänellä on vilpitön tarkoitus tehdä Australiasta pysyvä kotinsa ja aikomus liittyä australialaiseen kansaperheeseen kansalaisuuden kautta.

Joulukuussa 1972 silloinen siirtolaisasioitten ministeri A. Grassby ilmoitti hallituksen vähentävän v. 1972–73 aiottua siirtolaisten määrää 140 000:sta 110 000:een. Vähennys koski ammattitaidotonta työväkeä, mutta ammattitaitoisten siirtolaisten määrä pidettiin suunniteltuna. Siirtolaisia saapui maahan tuona aikana 107 401.

Tammikuussa 1973 hallitus ilmoitti, että kaikki siirtolaiset voivat anoa Australian kansalaisuutta oltuaan maassa kaksi ja puoli vuotta. Kansalaisuuden saamiseen vaaditaan englannin kielen taitoa.

Työ

Toukokuussa 1973 Australiassa oli noin 5,7 miljoonaa työntekijää. Noin 26 % ansaitsi toimeentulonsa teollisuuden palveluksessa, 18 % kaupan piirissä, 8 % maataloudessa, 13 % palveluammateissa, 9 % rakennusalalla, 6 % liikenteen ja kuljetustoimen palveluksessa, 7 % hotelli- ja ravintola-alalla ja muissa vastaavissa palvelutehtävissä sekä loput hallinnollisissa tehtävissä, pankki- ja kiinteistöalalla, sähkö-, kaasu-, vesi-, kaivos- ja muussa teollisuudessa. Australian teollisuus työllistää noin 1,4 miljoonaa ihmistä.

Useimmat työstä maksettavasta palkasta tehdyt sopimukset koskevat viikkopalkkoja ja vähimmäispalkat määritetään normaalien viikkotuntien mukaisesti. Esim. metalliteollisuuden sopimuksen mukaiset viikkopalkat olivat New South Walesin osavaltiossa syyskuussa 1973 työkalusepällä $A 84,04 ja asentajalla $A 78,53. Miesten vähimmäispalkka oli $A 60,80. (Australian dollari $A on n. 6 markkaa).

Useimmilla teollisuudenaloilla työviikko on 40-tuntinen tai lyhyempi. Enin osa työntekijöistä työskentelee viisi päivää viikossa maanantaista perjantaihin, mutta eräillä aloilla kuten vähittäiskaupan piirissä työviikko käsittää viisi ja puoli päivää. Eräät työehtosopimukset edellyttävät, että työntekijä sitoutuu tekemään kohtuullisen määrän ylitöitä. Miespuolisten työntekijöitten työtuntien määrästä (ylityötunnit mukaan luettuina) tehdyt tutkimukset osoittavat, että lokakuussa 1972 työtuntien määrä viikossa oli keskimäärin 43,2 teollisuudessa ja 42,9 teollisuuden ulkopuolella. Yleensä työntekijät saavat vähintään kolmen viikon palkallisen vuosiloman, kymmenen palkallista yleistä juhlapäivää sekä viikon sairasloman kutakin palveluvuotta kohti.

Järjestäytyneisyys

Vuonna 1971 Australiassa oli 303 ammattiyhdistystä, joissa oli jäseniä runsaat 2,4 miljoonaa henkeä. Järjestäytyneitten työntekijöitten määrä australialaisista palkanansaitsijoista oli saman vuoden lopussa 52 prosenttia eli noin joka toinen kuului ammattiyhdistykseen. Eräillä tuotannon aloilla on työntekijän kuuluttava ammattiyhdistykseen saadakseen työpaikan, tämä on tulosta työnantajan ja yhdistyksen välisestä sopimuksesta, jolla yhdistykseen kuuluville taataan etusija työhönotossa. Naisten järjestäytyneisyys on huomattavasti vähäisempää kuin miesten (v. 1971 59 % miespuolisista palkanansaitsijoista ja 39 % naispuolisista palkanansaitsijoista kuului ammattiyhdistyksiin).

Suurin ja tärkein ammattiyhdistysten keskusjärjestö on Australian Ammattiliittojen Neuvosto A.C.T.U., joka perustettiin vuonna 1927. Jo aikaisessa vaiheessa se ryhtyi läheiseen yhteistyöhön Australian Työväenpuolueen kanssa ja on sen piirissä saanut huomattavan vaikutusvallan. Nyt kun työväenpuolueella on hallitusvalta, on A.C.T.U:n poliittinen vaikutusvalta entistä suurempi.

Verot

Australian liittovaltio, kuusi osavaltiota ja kunnat perivät erilaisia veroja ja maksuja. Tavalliselle australialaiselle on näistä tärkein liittovaltion tulovero.

1. 7. 1972 – 30. 6. 1973 voimassa olleen verotaulukon mukaisesti maksoi 4000 dollaria vuodessa ansainnut yksinäinen henkilö veroa $A 608. Mikäli hän oli naimisissa, oli veron suuruus $A 510. Jos hänellä vaimon lisäksi oli kaksi lasta, meni veroa $A 396. Vastaavasti 6000 dollaria vuodessa ansainnut yksinäinen sai maksaa verona $A 1260, naimisissa oleva $A 1130 ja vaimon ja kahden lapsen huoltaja $A 973. Verotus oli progressiivinen ja niinpä 40 000 dollaria (markoissa noin 240 000) vuodessa ansainnut yksinäinen sai maksaa veronsa |SA 21 249. Taulukkoon ei ehdotettu muutoksia v. 1973–74.

Verovähennyksistä tärkeimmät ovat verovelvollisen huollettavistaan saamat vähennykset, verotettavan ja hänen huollettaviensa lääkärinkulut, henkivakuutus- ja eläkemaksut (enintäin $A 1200 verotettavan itsensä, hänen puolisonsa ja lasten osalta), sairaala- ja sairaskassamaksut, ammattiliiton jäsenmaksut, kunnalle suoritetut maksut sekä koulutuksesta aiheutuneet kustannukset.

Australiassa potilas joutuu itse maksamaan lääkärinhoidosta ja sairaalahoidosta aiheutuneet kustannukset. Maassa on kuitenkin järjestelmä, jonka avulla voi ottaa itselleen ja huollettavilleen vakuutuksen ja se korvaa sairaalahoidon kustannukset ja suurimmaksi osaksi myös lääkärinhoidon kulut. Vakuutus on otettava Australian sosiaaliturvaministeriön hyväksymässä sairausvakuutuslaitoksessa, joita maassa on yli 90. Lääkärivakuutuksen viikkomaksu on tavallisesti 50 centtiä – $A 1,16 perhettä kohden. Sairaalavakuutuksen viikkomaksu vaihtelee 70 centistä $A 2,38:aan perhettä kohden, riippuen siitä minkälaisella osastolla hoitoa halutaan saada.

Vanhuuseläkkeeseen ovat oikeutettuja 65 vuotta täyttäneet miehet ja 60 vuotta täyttäneet naiset. Eläkkeen saadakseen on sitä hakevan ollut asuttava Australiassa jossain elämänsä vaiheessa yhtäjaksoisesti 10 vuotta. Toukokuussa 1974 yksinäisen henkilön viikoittainen vanhuuseläke oli $A 26,00 ja avioparille $A 45,50. Varallisuudesta riippuen voi eläkeläinen saada lisäeläkettä mikäli hänellä on huollettavia lapsia.

Invalidieläkkeen voi saada henkilö, joka on 16 vuotias tai vanhempi ja joka on pysyvästi työkyvytön tai sokea. Eläkkeen saamisen ehtona on viisi vuotta kestänyt asuminen Australiassa. Yksinäisen henkilön invalidieläke oli toukokuussa 1974 $A 26,00 viikossa ja naimisissa olevalle $A 45,50.

Lesken eläke myönnetään naiselle, jonka mies on kuollut, jonka hänen miehensä on hylännyt (poissaoloaika väh. 6 kk), eronneelle naiselle, naiselle joka on elänyt kolme vuotta avoliitossa ennen miehen kuolemaa, naiselle jonka mies on mielisairaalassa, ja naiselle, jonka mies on ollut vankilassa vähintään kuusi kuukautta. Lesken eläke oli toukokuussa -74 $A 26,00 viikossa ja lapsen huoltaminen saattoi aiheuttaa summan kasvamisen.

Työttömyysavustusta ovat oikeutettuja saamaan 16–65-vuotiaat miehet ja 16–60-vuotiaat naiset, jotka ovat olleet Australiassa vähintään 12 kk ennen työttömäksi joutumistaan tai jotka aikovat asua pysyvästi Australiassa. Avustuksen suuruus on sama kuin vanhuuseläkkeen.

Sairausavustukseen pätevät samat säännökset kuin työttömyysavustukseen. Kysymys on tilapäisestä työkyvyttömyydestä, joka on aiheutunut sairaudesta tai onnettomuudesta. Äitiysavustuksen suuruus oli toukokuussa -74 $A 30,00 ensimmäiselle lapselle. Seuraavien lasten synnytyksen jälkeen avustus nousee. Lapsilisää maksettiin samana ajankohtana ensimmäisestä lapsesta 50 centtiä viikossa, toisesta $A 1,00 viikossa ja kolmannesta $A 2,00 viikossa. Kuudennen lapsen kohdalla oli lapsilisän suuruus $A 2,75 viikossa.

Jakautuminen tuloryhmiin

V. 1969–1970 oli australialaisia veronmaksajia vajaat 5,4 miljoonaa. Selvästi suurimmiksi ryhmiksi erottuvat henkilöt, joitten tulot ovat vuodessa olleet välillä $A 3000 – $A 5999 (markoissa 18 000–36 000). Ryhmään $A 3000–$A 3999 ansainneita sijoittui kaikkiaan 1 100 359 henkeä ja $A 4000–$A 5999 ansainneitten ryhmään kuului 1 060 822 henkilöä. Verotettavien määrän tähän ryhmään nostivat pääasiassa miehet sillä heitä oli näihin ryhmiin kuuluneista kummassakin tapauksessa yli 900 000. Naispuolisista palkannauttijoista on suurin ryhmä tuloluokassa $A 1800–$A 1999; tässä ryhmässä heitä oli kaikkiaan 153 307, miehiä tässä ryhmässä oli 84 391. Vähemmän ansainneitten ryhmissä naisia oli kaksi kertaa enemmän kuin miehiä. Rikkaimpien ryhmässä taas naisia oli noin seitsemän kertaa vähemmän kuin miehiä. Niinpä esimerkiksi $A 30 000 tai sen yli vuodessa ansainneita miehiä oli 3778 ja naisia 564.

———